山东省高等学校青年创新团队发展计划
诉讼法学新兴领域研究创新团队资助成果

诉讼法学新兴领域研究创新文库

证据短缺论

刑事证据规则再研究

▌徐月笛 著▐

On the Shortage of Evidence

with Study of Criminal Evidence Rules

中国社会科学出版社

图书在版编目（CIP）数据

证据短缺论：刑事证据规则再研究／徐月笛著．—北京：中国社会科学出版社，2022.8

（诉讼法学新兴领域研究创新文库）

ISBN 978－7－5227－0670－2

Ⅰ．①证…　Ⅱ．①徐…　Ⅲ．①刑事诉讼—证据—研究—中国

Ⅳ．①D925.213.4

中国版本图书馆CIP数据核字(2022)第144545号

出 版 人　赵剑英
责任编辑　孔继萍　周慧敏
责任校对　季　静
责任印制　郝美娜

出　　版　中国社会科学出版社
社　　址　北京鼓楼西大街甲158号
邮　　编　100720
网　　址　http://www.csspw.cn
发 行 部　010－84083685
门 市 部　010－84029450
经　　销　新华书店及其他书店

印　　刷　北京君升印刷有限公司
装　　订　廊坊市广阳区广增装订厂
版　　次　2022年8月第1版
印　　次　2022年8月第1次印刷

开　　本　710×1000　1/16
印　　张　11.5
字　　数　201千字
定　　价　68.00元

创新、突破与发展

——“诉讼法学新兴领域研究创新文库”总序

毋庸置疑，改革开放以来，我国民事诉讼法学的研究已经有了相当大的发展，每年都有几百篇民事诉讼法学的论文发表。但在民事诉讼法学研究繁荣发展的同时，也存在诸多隐忧。一些研究成果还只是较低层次的重复，不少研究还是为评定职称需要而作的“应用文”，有为发表而发表之嫌。

我曾撰文指出我国民事诉讼法学研究存在“贫困化”的问题，认为我国民事诉讼法学研究还缺乏深度、欠缺原创性和自主性。原因自然是多方面的：民事诉讼法学理论研究与司法实践的隔离[①]；缺乏足够的理论积淀；未能将法律制度建构与经济、政治、文化等环境因素予以融合；不能充分把握法律制度发展的大趋势，做到与时俱进；未能突破法律内部学科之间的藩篱，实现法学学科之间的内部交叉；欠缺法学与人文学科的外部交叉；未能及时跟踪、吸纳新兴科学领域最新的研究成果等。要实现民事诉讼法学研究的跨越，大幅度提升其研究水平，产出更多的研究成果，就必须在上述方面有所突破、发展和进步。

齐鲁文化是中国传统文化的主干之一，齐鲁文化一直拥有多元、开放的特性，正因为如此，齐鲁文化能够不断实现自身历史的超越。在我国进入法治建设高速发展的21世纪，齐鲁的法学研究也应与值得齐鲁人骄傲的文化一样，敢于实现引领和创新。

---

① 张卫平：《对民事诉讼法学贫困化的思索》，《清华法学》2014年第2期。

要实现这种引领和创新，人才是根本。为此，山东省政府出台多项政策予以支持。2019 年 6 月山东省颁布的《山东省高等学校青创人才引育计划》就是其有力措施之一。该计划尝试通过引才育才，支持高校面向部分急需重点发展的学科专业，加强人才团队建设，引进和培养一批 40 周岁左右的有突出创新能力和潜力的青年人才，带动所在学科专业建设水平明显提升。山东师范大学法学院王德新教授牵头申报的“诉讼法学新兴领域研究创新团队”，经过严格评审获得立项建设。入选该“计划”有一个条件要求，即要聘请一位同专业领域的著名法学家作为团队导师，当时王德新非常诚恳地多次与我联系，邀请我作为其团队的导师，出于帮助年轻人尽快成长和支持家乡法学事业发展的责任考量，我愉快地接受了这一邀请。

客观地说，该团队计划的建设任务并不轻松。按照团队建设任务，需要在 1 年内按照服务山东省法治建设的需求导向，本着引人育人并重、突出学科交叉、聚焦新兴领域的思路完成组建“诉讼法学新兴领域研究创新团队”；经过 3—5 年的建设，完成打造“五个一流”的建设任务（即打造一流团队、培养一流人才、推动一流教学、建设一流智库、产生一流成果）。团队完成组建后，我多次参与该团队组织的活动，设定了五个特色研究方向，即“民商法与民事诉讼法协同研究”“司法文化与裁判方法研究”“社会权的司法救济创新研究”“诉讼证据制度创新研究”“诉讼制度的法经济分析”。其中一个重要任务，就是策划出版一套“诉讼法学新兴领域研究创新文库”。通过打造这一套文库，不仅是为产出一批高质量的科研成果，更重要的是将提升研究团体每一个研究成员的研究素质，为今后迈向更高层次的研究打下扎实的基础。

据我所知，该团队的一批年轻人围绕团队建设任务和五个特色方向，目前已陆续完成了一些颇有新意的书稿，如《民法典与民事诉讼法协同实施研究》《英国家事审判制度研究》《人工智能司法决策研究》等。这些研究选题，有的突出了实体法与程序法的交互协同视角，有的充分回应了近年来司法改革的实践主题，有的指向了人工智能的司法决策这类问题等，在总体上坚持以民事诉讼法学为中心，同时“突出学科交叉、聚焦新兴领域”的研究定位，取得了令人欣慰的进展。我们的研究团队的每一位老师都为此付出了辛勤的劳动。

在此，我作为研究团队的导师对他们的辛勤劳作和付出表达由衷的感谢之意。

2022 年 3 月 5 日于清华园

序　　言

证据短缺是刑事司法中一种相当普遍的现象。犯罪分子在实施犯罪的过程中会留下很多证据，既包括遗留在物质环境中的信息体，如各种物证，也包括寄存于人类大脑中的信息痕，如各种人证。这些客观存在的证据数量是很大的，也是很充足的。然而，受客观条件和主观因素的影响，这些证据并不能全部进入司法程序，其中有相当一部分根本就没有被需要这些证据的人所知晓或发现。换言之，司法人员获得并使用的证据往往只是客观存在的证据中的一部分，甚至只是一小部分。于是，司法裁判中就出现了证据资源短缺的现象。

证据短缺是司法人员认定案件事实时面临的一个难题。刑事案件都是发生在过去的事实，司法人员不可能直接去感知，只能通过各种证据去间接地认识。因此，案件事实对于司法人员来说犹如镜中之花一般。诚然，那“花朵”是客观存在的，但是司法人员所能看到的是经过“镜子”反射或折射所形成的影像。而且，那“镜子”在案件发生的过程中已然破碎并散落，于是，司法人员要想认识案件事实，就必须把散落的“碎片”收集起来，拼凑成“镜子”，再通过“镜子”去认识“花朵”。如果碎片很多，足以拼凑出完好的镜子，那么司法人员认定案件事实的工作就比较容易。如果碎片很少，只能拼凑出残缺的镜子，那么司法人员只能看到那“花朵”的部分影像，甚至是模糊扭曲的影像，认定案件事实的工作就变得非常艰难。在这种情况下，司法裁判就容易出现错误，古今中外的冤错案件就是极好的例证。因此，研究证据短缺问题既有理论价值，也有现实意义。

徐月笛博士是颇为典型的山东女子。她身强体健，热情实干，在憨厚中带着聪慧，在直爽中带着精明。她于 2014 年 9 月到中国人民大学法学院攻读博士学位。在校学习期间，她协助我进行课题研究，在刑事错案的实证研究和反腐败的案例分析方面取得了很有价值的成果。她的博士学位论文就以“论证据短缺”为主题。那篇论文还得到了最高人民法院大法官的好评。

2017 年毕业之后，徐月笛博士到山东师范大学法学院任教。她在主讲证据法学课程时努力探索，建成了证据法学案例资源库，还主编了《证据法学》教材。在科研方面，她也取得了优异的成果，主持了司法部国家法治与法学理论研究项目和山东省人民检察院检察理论研究项目。工作 5 年，她的教学科研生涯已经有了良好的开端。

《证据短缺论——刑事证据规则再研究》一书是徐月笛博士在其博士学位论文的基础上撰写的。在本书中，她通过典型案例分析和司法历史考察，探索了证据短缺的规律，探讨了证据短缺的理论。在此基础上，她把司法裁判中的证据短缺概括为证明待证事实的证据数量不足和证明待证事实的证据效力不足，指出了证据短缺的客观性和可控性，并且以证据短缺为视角，提出了完善刑事证据规则的具体建议。她的这一研究成果丰富了证据法学的理论体系。

简言之，这是一部很有价值的学术专著。

何家弘

2022 年 5 月写于北京世纪城痴醒斋

目　录

前　言

近年来，刑事错案的屡屡曝光引发了社会和学界的广泛关注。从期刊发文数来看，自 2000 年起，关注错案、研究错案的论文数量逐年上升，[①] 而将“错案”与“证据”联系在一起的更是数不胜数。错案之所以成为错案，司法理念、司法制度的弊端自然占据一席之地，但是回归司法裁判本身，错案的产生是办案人员对证据、对事实错误认识的结果。众所周知，事实认定是指法官通过审查控辩双方提出的全部证据，判断控方对被告人实施犯罪的证明是否达到法定证明标准的过程。因此，只有当证据所承载的事实（具有法律意义的事实）满足证明标准时，法官才能拼出唯一确定的“事实图案”，也才能依法作出裁判。从这个角度来说，错案是既有证据无法确定性地认识某一案件事实的畸形产物。正如苏力教授在论文中对窦娥案所作出的评价：在当时社会的技术水平下，任何裁判者面对窦娥案中仅有对立双方陈述的情况，都无法作出正确的裁判，而处决窦娥实际上是一种对案件事实认定的妥协，是证明标准的降低。[②] 在窦娥案中，制度、官府、封建思想的影响固然不可忽视，但是证据无法形成完整的证明体系，导致案件事实模糊不清，甚至无法裁判才是该起冤案产生的根本原因。而证据之所以无法构成证据链，归根结底在于证据的数量和质量不能满足裁判需求，也就是“证据短缺”。

事实上，就算是在当今社会，在不考虑财力资源制约的情况下，仍

---

① 来自中国人民大学图书馆中文发现，以“错案”为关键词搜索，http：//ss. zhizhen. com/s? sw = 错案 &size = 15&isort = 0&x = 0_ 212，最后访问时间：2017 年 5 月 30 日。

② 参见苏力《窦娥的悲剧——传统司法中的证据问题》，《中国社会科学》2005 年第 2 期。

然会存在无论办案人员如何努力，都无法获得“铁证”的案件。那些“看起来正确”的司法裁判，也只是达到了既有证据能够证明法律所规定的“要件事实”的程度，其中的证据并非案件事实的完整展现。如果将法官认定事实的过程比喻为拼图游戏，那么案件中的证据便是散落各处的“拼图板块”，承载着或多或少事实信息的影像。倘若办案人员能够搜集到足够多的“拼图板块”并将它们摆在正确的位置，事实真相就容易被发现。然而，由于各种主客观条件的限制，办案人员并不一定能收集到足够多的“拼图板块”，拼图的背景板上往往有大量的空白，甚至有些“拼图板块”本身要么破损，要么模糊不清。此时，“拼图板块”对于拼图游戏来说便是短缺的。案件事实认定的证据同理。但是事实认定与拼图游戏又不完全相同：事实发生后不会留下与其有关的所有证据。换言之，在事实认定的“拼图”中，“拼图”一旦被拆解，就必然有“拼图板块”的遗失，事实“拼图”只能在一定程度上反映原图的概貌而无法复归原样。如果原图的概貌清晰，就表明缺失的那些“拼图板块”没有影响对“拼图”影像的判断。这意味着，相对于案件事实本身，相对于案件发生所形成的所有证据而言，每一个案件中的证据都是“短缺”的。因此，虽然认识证据短缺的落脚点在事实认定和司法裁判，但对证据短缺问题的研究应该从更广阔的视阈去思考，从司法裁判扩大到刑事诉讼的各个阶段，再扩大到事实认识的范围，而对证据短缺的认识也应该建立在其作为一种客观存在的基础上。

从证据短缺的角度出发，我们可以重新审视证据制度及其发展过程。众所周知，证据制度的发展完善受到许多因素的影响。例如，为发现真实，司法人员召集了解案件事实的人组成陪审团进行裁判；为追求司法公正，证据法建立了旨在保障被追诉人权益的沉默权规则、不得强迫自证其罪规则、非法证据排除规则以及交叉询问规则等；为保护某些特殊社会价值，证据制度允许有例外情形的证人不出庭作证等。而证据短缺同样在证据制度的发展中发挥着作用，即客观性的证据短缺在特定历史时期催生了一系列与之相适应的证据制度。例如，神示证据制度的存在虽然与人们思想的愚昧、对神明权威的崇拜等息息相关，但是因侦查手段匮乏导致的证据短缺也在一定程度上帮助建立和巩固了神示证据制度。

再如，英美法系中的双轨制证据调查模式不仅与当事人主义相匹配，而且能够通过诉讼双方的努力使尽可能多的证据进入法庭。可见，许多证据制度的建立和发展都与事实认定对证据的要求有关，与避免证据短缺对事实认定的影响有关。所以，避免证据短缺与追求司法公正、维护当事人权益一样，都是证据制度发展的影响因素。只是相对来说，追求司法公正、维护当事人权益是“外在因素”，更侧重对诉讼价值的考量；而“避免影响事实认定的证据短缺”是“内在因素”，更侧重对证据本身的要求。

证据制度是以证据规则为核心的一系列证据规定的总称。对证据制度的探讨，往往就是对证据规则、裁判规则的探讨。证据规则作为证据制度的核心内容，与证据短缺的关系最为密切，因为无论是证据短缺还是证据规则，都将着眼点放在“证据”上，都以“发现真实”为根本目的。作为能够对证据进行规范的准则，证据规则与证据短缺之间是相互关联、相互作用的。证据规则直接作用于证据，影响证据的状态，它既能避免证据短缺，也有可能导致证据短缺。而证据短缺也为证据规则的体系建构提供了新的视角。一方面，要通过建构合理的证据规则体系，排除不符合“发现真实”目的与证据法价值的证据，确保证据的“质量”；另一方面，要在特定证据规则中体现包容性理念，尽可能多地保留证据资源，增加证据的“数量”。基于此，本书将从证据短缺的视角考量证据规则，把通过证据规则缓解证据短缺作为研究主要方向。

本书的研究目的和意义包括以下几个方面：

其一，聚焦证据及其属性的研究。近年来，证据法学研究中对证据及其属性的论述数量相对减少。然而，证据法的核心在证据，无论是证据规则、诉讼程序的设置，还是证明标准的界定，都是为了能够充分发挥证据在事实认定中的作用。正如何家弘教授所说，虽然社会生活的方方面面都可能存在证据的使用，但由于证据在司法活动中的重要性和使用的频繁性，使得司法领域存在建立专门证据法学科的必要。[①] 在司法证

---

① 参见何家弘《证据学抑或证据法学——兼与龙宗智教授商榷》，《法学研究》2008 年第 1 期。

明中，证据是与案件事实有关的各种信息，如证人证言、文字资料、实物或者任何能够为感官所接收的东西，其作用是证明某件事实存在或不存在。[①] 不过，证据虽然是一种客观存在的事物，不以人的意志为转移，但离开了事实认定、司法裁判，证据也就失去了存在价值。因此，证据是事实认定、司法裁判的基础和前提，只有把好“证据关”，才能提高事实认定和司法裁判的准确性。重视研究证据本身的意义也正在于此。“证据短缺”这一表述对证据的属性进行了概括，即如果证据不具有证据能力，或者真实可靠性不足，都可以被描述为“证据短缺”的状态。它与“证据缺陷”的含义近似，但更为准确，还能与“证据不足”相区分——“证据不足”对应的是事实认定，而非证据本身。因此，“证据短缺”概念的提出为更加深入地研究证据属性提供了一个新的视角。另外，我国学界普遍认为，应该从收集、使用证据的程序出发，构建取证、举证、质证、认证规则，但本书对证据规则的研究仍着眼于“证据”，着眼于司法裁判对“证据”的要求，探讨以确保证据数量和质量为目的的证据规则，这也是回归证据本身的一种体现。

其二，呼应证据裁判原则的要求。所谓证据裁判原则，是指诉讼要将证据作为裁判的依据，将证据作为认定案件事实的依据。[②] 我国的刑事法律已经把证据裁判作为一项证明原则加以固定和强调。[③] 例如，2010 年两院三部联合颁布的《关于办理死刑案件审查判断证据若干问题的规定》（以下简称《办理死刑案件证据规定》）第 2 条和 2021 年《最高人民法院关于适用〈中华人民共和国刑事诉讼法〉的解释》（以下简称《高法解释》）第 69 条均规定“认定案件事实，必须以证据为根据”。证据裁判原则之所以近年来在理论界和实务界都得到强调，就是因为它的严格适用

---

① ［美］罗纳德·J. 艾伦等：《证据法——文本、问题和案例》（第 3 版），张保生、王进喜、赵滢译、满运龙校，高等教育出版社 2006 年版，第 79 页。

② 卫跃宁：《诉讼现代化：从“以事实为根据”原则转向“证据裁判”原则》，《湘潭大学学报》（哲学社会科学版）2008 年第 4 期。

③ 虽然《刑事诉讼法》（2018 年）并未明确规定证据裁判原则，但其第 55 条“对一切案件的判处都要重证据，重调查研究，不轻信口供”的表述实际上就是证据裁判原则精神的体现，而且相关规定也更加注重证据资格和证明力问题。

有利于转变司法人员的传统办案理念，从重视“事实”转向重视“证据”。如果不强调证据的作用，将事实作为重心，司法人员就有可能根据自己想象出来的“事实”去添加、补充证据，由此产生刑讯逼供、伪造证据、忽视无罪证据等一系列问题。而强调证据的作用，是将证据作为重心，通过证据认识事实：如果证据能够构建出一个比较清晰的事实，则可以做出肯定性裁判；反之应该坚持疑罪从无。2012 年《中华人民共和国刑事诉讼法》（以下简称《刑事诉讼法》）第 53 条对“证据确实、充分”所作的进一步解释也是贯彻证据裁判原则的体现。在这种大背景下讨论“证据短缺”是对该原则的呼应，因为“证据短缺”的着眼点正是证据。对证据短缺进行探讨，能够为证据裁判原则的贯彻落实提供思路，指导办案人员依据证据裁判原则进行事实认定。

其三，梳理和重构证据规则体系。证据规则是证据裁判原则的下位概念。在我国，有关证据属性、证据规则体系等问题一直是学界争议的焦点。虽然学者们大都认同证据规则可以划分为证据能力规则和证明力规则，但是它们具体包括哪些规则尚无统一观点。与此同时，最高人民法院于 2017 年 2 月出台的《关于全面推进以审判为中心的刑事诉讼制度改革的实施意见》（以下简称《实施意见》）中，除了再一次强调证据裁判原则之外，还用专门一节规定了包括非法证据排除规则在内的证据规则。由此可见，要确保证据裁判原则的顺利实行，还应该配套完整、有效的证据规则体系，而证据短缺为审视、重构证据规则提供了新的视角。如何通过证据规则避免案件中的证据存在短缺，以及如何通过证据规则缓解证据环境中的短缺，应当成为证据规则的考量内容。与此同时，证据短缺的不同类型也为证据规则体系的建构提供了新的方向。

在本书中，笔者建设性地从实证和理论两个角度展开分析，既从实际案例入手，总结提炼了证据短缺影响事实认定时的表现形式，又上升到理论，分析论证了证据短缺的含义、特征及其与证据制度之间的关系等问题。同时，证据短缺也为证据规则的构建提供了新的视角。在我国传统证据法学理论中，证据规则通常被分为证据能力规则和证明力规则。而由于证据能力与证明力的内容本身存在一定交叉，所以证据规则体系稍显杂乱。基于此，笔者以证据短缺的视角，从司法证明对证据的要求出发，将证据规则划分为关联性规则、合法性规则、真实性规则和充分性规则四类，并对我国目前的立法规定进行了梳理和讨论。本书共分为七个章节。

第一章对案件中存在的证据短缺现象进行了分析。证据短缺现象在司法证明中普遍存在，但相对于未影响事实认定的证据短缺，影响事实认定的证据短缺更容易引起人们的注意，也更便于研究。在本章中，笔者选取了50起因证据短缺导致事实无法认定的案件和20起不存在影响事实认定的证据短缺的案件进行对比分析，考察了影响事实认定的证据短缺在案件中的表现，并在此基础上总结出影响事实认定的证据短缺的共性。在事实认定受到证据短缺影响的案件中，证据短缺往往表现为证明待证事实的证据数量不足和证明待证事实的证据效力不足。而证据短缺现象的特点主要有三个：一是短缺使得待证事实关键点的证明缺失或不力；二是短缺容易呈现为言词证据不可靠、实物证据不充分；三是短缺会造成全案证据难以形成完整证明逻辑的后果。

第二章对证据短缺现象进行了历史考察。从证据制度的沿革来看，神明裁判是人们因缺少证据以致事实真相难以发现时，转而求诸神明的举措。随着社会的发展，人的认识能力逐渐提高，更多的“证据”被发现和进入诉讼，成为当事人主张事实的依据。可见，证据数量的繁多和种类的丰富，使诉讼证明摆脱了神明裁判，走向证据裁判。法定证据制度的建立也与证据短缺有关。在当时的欧洲大陆，证人证言在诉讼中被广泛使用，而书证、物证等实物证据的数量较少。相比书证、物证，提前设定证人证言等言词证据的证明力更加可行，因此，证据种类的单一性为法定证据制度的构建提供了可能。事实也证明，当证据种类越来越多，书证等其他形式的证据更多地进入诉讼，法定证据制度便逐渐退出了历史舞台，取而代之的是自由证明。从中国古代证据制度来看，一直为立法者和司法者所奉行的“无供不定案”是客观证据短缺下的不得已选择。为了获取口供等言词证据，司法官会采用刑讯、诈谲等现今被认为是“非法”的取证手段。当官府无法通过刑讯逼供取得口供时，便会采用“众证定罪”和“据状断之”的裁判方法代替口供定案。在古代，司法官员已经认识到证据可能不具有真实性，因此往往采用“五听”和

“术审”的方式判断证据是否可以采信。与此同时，缺乏足够准确、有效地发现和搜集证据的手段在一定程度上迫使人们远离了诉讼，潜在地促进了“厌讼”文化的发展。从证据规则理论发展来看，吉尔伯特与戴尔·南希的最佳证据规则理论对证据的质量提出了要求，即诉讼中必须提交原始文书，以避免可能不具有真实性的非原始文书进入法庭。边沁的证据不排除原则是以功利主义哲学思想为基础的，他认为排除证据将会使审理者缺乏作出判断的依据，故而所有证据都应该有资格进入法庭。威格摩尔则反驳证据排除规则优于证据完整性的观念，尝试以“程序性预防”代替“程序性制裁”的方法确保证据完整性、减少因排除规则造成的证据短缺。

第三章对证据短缺进行了学理上的分析。证据短缺是指能为司法证明所发现和使用的证据存在短缺的事实状态。其中的“证据”与“司法证明”均应作广义解释，即证据既包括诉讼开始前，参与诉讼的双方当事人搜集到的“证据材料”，也包括具有证据资格的“证据”，还包括经法庭查证属实用来认定案件事实的“定案根据”；而“司法证明”既包括控辩双方使用证据的证明，也包括法官使用证据的证明。从宏观上看，证据短缺指的是证据资源的短缺性，即从司法证明中能够发现、使用的证据与现实存在的证据相比是短缺的。从微观上看，仅就司法证明的内容而言，证据短缺是指会导致待证事实模糊不清、事实认定受限制的证据状态。证据短缺可以从不同角度进行划分：按照短缺存在的阶段不同，可以分为侦查起诉阶段的短缺和审判阶段的短缺；按照短缺的表现形态不同，可以分为量的短缺和质的短缺；就单个证据的质量来讲，按照短缺的形成方式不同，证据短缺可以区分为内在属性上的短缺和外在表现上的短缺。证据短缺具有客观性和可控性。客观性是指证据短缺在司法证明中是普遍存在、不可避免的，因为证据的数量和质量不得不受到现实条件的限制，有时又会让步于诉讼价值的考量。证据短缺的可控性是指证据短缺的程度在一定条件下可以人为掌控，它表现为短缺程度受到制度设计和人为因素的影响。对减轻影响事实认定的证据短缺来说，证据规则的作用在于剔除不符合条件的证据，而保留符合条件且真实可靠的证据。审查判断和认定证据的规则应当按照证据要求分为关联性规则、合法性规则、真实性规则和充分性规则。

第四章对证据短缺与关联性规则进行了探讨。关联性附随间接证据而产生，包括实质性和证明性两个方面，即证据证明的事实须是实体法上规定的事实，而且证据能够使该实体法事实变得更加可能或更加不可能。关联性规则可以同时发挥保留证据和排除证据两项功能。从积极功能来看，关联性规则的目的在于尽可能地使与案件事实相关的证据能够进入法庭，从而为事实裁判者提供更多的信息资源保障，方便其作出更加准确的判断。从消极功能来看，关联性规则通过排除可能对事实认定产生误导的证据来保证事实真相的发现；通过排除可能造成诉讼延迟、浪费时间或重复出示的证据来确保诉讼程序及时、有序推进。我国没有就关联性设置大量“显性”的限制性规则，但立法中已经出现了涉及证据关联性的“隐性”规定。实际上，刑事诉讼立法不仅应该逐渐建立起规范证据能力的关联性规则，而且应该限制法官的自由心证，还要在侦查阶段就注重审查证据的关联性。在关联性基本规则之外，立法还需要着重强调品格证据的关联性规则和其他犯罪或特定恶劣行为证据的关联性规则，即品格证据、其他犯罪或特定恶劣行为证据不得用来证明某人在具体场合下的行为与其品格具有一致性。

第五章对证据短缺与合法性规则进行了论述。合法性规则是刑事诉讼中的普适性规则，是审查判断证据的第一道“门槛”。广义上的合法性规则适用于规范证据合法性的规则，而狭义上的合法性规则特指非法证据排除规则，是否定非法证据之证据资格的规则。合法性规则的设立目的有三个，一是发现真实，二是规范取证行为，三是保障被追诉人权益。合法性规则“排除”作用的发挥会使案件中证据数量减少，造成证据短缺，但其“形塑”作用的发挥却能起到反向激励的作用，促使更多合法证据出现和进入法庭，从而避免证据短缺。我国合法性规则的最大弊端在于规则体系不健全，过分强调非法证据排除规则，而忽略了规范取证行为合法性规则的构建。从保障证据的合法性和避免不具有合法性的证据被作为证据使用的双重目的出发，我国的合法性规则应当分为两大部分，即规范取证行为的规则和排除不合法证据的规则。在排除不合法证据的规则中，非法证据排除规则和不合法证据排除规则都属于“排除性”

的规则，而瑕疵证据补正规则虽然也有排除作用，但更多地发挥了“包容”作用，即保留那些存在技术性违法但真实性未受影响的证据。

第六章对证据短缺与真实性规则进行了研究。真实性规则又可称为“真实性保障规则”，其功能在于保障证据的真实可靠性，防止不具有真实性的证据作为定案根据。从证据短缺的角度来说，保障证据的真实性就是保障证据的质量，因此真实性规则的构建对于预防证据短缺是必要的。真实性规则有两种类型。第一种是通过限制证据能力保障证据的真实性，如传闻证据规则、最佳证据规则、意见证据规则等。第二种是直接限制证据真实性的规则，即法律直接规定何种情况下的证据具有真实性，何种情况下的证据不具有真实性，应当予以排除。出于保障证据真实性和促进证人出庭作证的需要，我国应当建立传闻证据规则，并以“原则 + 例外”侧重排除笔录的形式取代现在侧重保留笔录的形式。最佳证据规则与此相同。我国虽然明确规定了意见证据规则，但法条表述还很不完善，“根据一般生活经验判断符合事实”略显笼统，操作性不强，应当以“不可替代性”作为决定是否排除意见证据的考量因素。另外，证据印证规则是审查判断单个证据真实可靠性的方法性规则，而口供补强规则实际上是证据印证规则的一种特殊情况，其区别在于前者只适用于“包含全部要件事实信息的口供”，而后者适用于所有具备证据能力的证据。

第七章对证据短缺与充分性规则进行了阐述。充分性规则也可以被称为“充分性标准”，即证据的充分程度必须达到一定的标准才能认定案件事实。充分性规则分为事实认定层面的充分性规则和证据认定层面的充分性规则，前者对应的是“证明标准”，后者对应的是“证据标准”。证据标准是指定案证据应当具有关联性、合法性和真实性，且证据的内容应当覆盖所控犯罪的全部构成要件事实。证明标准须以“法律真实”作为其真理观，且应该是主客观因素的结合。证据标准既是证明标准的客观层面，也是衡量证据短缺的依据。证据短缺不是一种标准，但可以作为达不到标准的具体表现，为标准的设立提供依据。虽然 2018 年《刑事诉讼法》对证据确实、充分进行了解释规定，但它却混淆了证据标准和证明标准。要想在证明标准中同时体现主客观因素，应该区分对“证据”的要求和对“事实认定”的要求。因此，我国“事实清楚，证据确实、充分”的证明标准或可表述为“全案证据确实、充分，对所认定事实已排除合理怀疑”。证据短缺的视角可以为解释“合理怀疑”，进而为完善证明标准提供思路。具体来说，当出现“案件中的要件事实没有证据加以证明”“证明要件事实的单一证据关联性不强或者证明力不强，不足以使人相信该事实的存在，或者有否定该事实存在的可能性”“案件中的证据之间存在无法解释的矛盾，导致不能得出唯一确定性的结论”等情况时，裁判者应当产生“合理怀疑”。

第 一 章

证据短缺现象的案例解析*

证据是案件发生过程中产生的、承载事实信息的物。在司法裁判过程中，法官需要先查明和认定事实，再适用法律解决纠纷。不过，法官无法回到过去，其查明、认定事实只能依赖诉讼双方提交的证据。在刑事诉讼中，除特殊情况外，检察机关应当提供证据以证明被告人实施了犯罪行为。因此，当检察机关提交的证据的数量和证明力足以使法官相信“被告人实施了指控的犯罪行为”这一事实存在时，法官就能够作出认定；而当证据的数量不足或者证明力不足，导致无法确定被告人是否实施了指控的犯罪行为时，法官就难以作出认定。可以说，是证据的数量不足或者证明力不足造成了事实存在与否的难以确定。换言之，证据的短缺性导致了事实的模糊性。

在本章中，笔者选取了50起因证据短缺导致事实无法认定的案件和20起不存在影响事实认定的证据短缺的案件进行对比分析，考察影响事实认定的证据短缺在案件中的表现，并在此基础上总结影响事实认定的证据短缺的共性。

一　样本案件概述

（一）样本案件的选取标准

证据依附于司法证明而存在，失去了司法证明的目的，证据也就失

---

* 本部分内容参见何家弘、徐月笛《刑事错案中证据短缺现象的实证分析》，《武汉科技大学学报》（哲学社会科学版）2017年第4期。

去了存在的意义。在刑事诉讼中，虽然案件的证明都必须包括罪体和罪责两部分，但是由于不同罪名下犯罪行为的方式不同、危害后果不同，使得案件发生后留下的证据往往不同。因此，为了方便讨论，笔者将案件种类限定为“故意杀人案”。

事实的模糊性导致案件无法认定，也就是形成了“疑案”。面对疑案，有的法官能够顶住各方压力，坚持疑罪从无；但有的法官在特定条件下可能选择疑罪从有和疑罪从轻——这就形成了错案。从本质上看，刑事错案也属于疑案，即因证据短缺而事实模糊的案件，只是由于办案人员在原审时没有正确认识，做出了错误选择才导致了错案的产生。因此可以说，错案中一定存在证据短缺。而且与普通案件相比，错案中的证据短缺程度更为严重，也更便于我们对短缺的表现及其特点进行观察。笔者收集并整理了50起刑事疑案作为存在证据短缺的案件样本，其中就包含了部分为公众所熟知的错案。① 这些案件包括：滕兴善故意杀人案、佘祥林故意杀人案、赵作海故意杀人案、孙学双强奸杀人案、李杰等四人故意杀人案、于英生强奸杀人案、石东玉故意杀人案、杜培武故意杀人案、李久明故意杀人案、孙万刚故意杀人案、张高平等二人强奸杀人案、呼格吉勒图强奸杀人案、杨云忠故意杀人案、杨黎明等三人抢劫杀人案、丁志权故意杀人案、李化伟故意杀人案、覃俊虎等二人抢劫杀人案、陈金昌等四人抢劫杀人案、刘日太投毒杀人案、秦艳红强奸杀人案、赵新建故意杀人案、李怀亮强奸杀人案、王学义投毒杀人案、许政伟等三人故意杀人案、郭新才故意杀人案、王洪学等二人故意杀人案、邓立强故意杀人案、高宏亮故意杀人案、杨有康故意杀人案、李春兴故意杀人案、高进发强奸杀人案、黄爱斌故意杀人案、李志平故意杀人案、徐东辰强奸杀人案、童立民故意杀人案、姜自然故意杀人案、王云鹏故意杀人案、艾小东故意杀人案、陈世江故意杀人案、范家礼等故意杀人案、谭富义故意杀人案、李菊兰投毒杀人案、何家标投毒杀人案、王有恩故

① 滕兴善案、佘祥林案、赵作海案、石东玉案、杜培武案、李久明案、孙万刚案、张高平和张辉案、李怀亮案参见何家弘《迟到的正义——影响中国司法的十大冤案》，中国法制出版社2014年版。其余案件见下注。

意杀人案、马廷新故意杀人案、王玉虎强奸杀人案、徐辉强奸杀人案、吴鹤声故意杀人案、张绍友故意杀人案、王本余强奸杀人案。①

与此相应，作为比对样本，不存在影响事实认定的证据短缺案件的选取也被限定为“故意杀人案”，同时要求控辩双方对罪名没有争议。当然，由于法官通过证据认定案件事实只能是“重构”而无法“重现”，因此其所发现的“真实”只能是“相对真实”而难以达到“绝对真实”。在比对样本案件的选择上，笔者倾向于已经经过二审，且控辩双方对事实认定和法律适用没有争议的案件。另外，为了方便证据分析，在样本选择时还要求裁判文书中对定罪证据的描述比较全面详细。不过需要说明的是，比对样本的裁判文书中对证据的描述一般都不是“原汁原味”的，而是经过“修饰加工”的，特别是言词证据。例如，侦查人员对证人或被害人的询问以及对被告人的讯问往往是多次，但是裁判文书通常只引用其中的一次，或者是多次笔录内容的概括综述。又如，法官在裁判文书中一般都会以转述的方式引用证人证言、被害人陈述、被告人供述，表达形式多为“其当天……”“其看见……”等。在当事人对定罪事实没有争议的情况下，此类证据描述并无大碍，但是在有争议的情况下，这样的描述就可能隐藏认识的差异。因此，我们对这些案例中证据内容的认知也具有一定的相对性。不过，由于选择案件时已经考虑到“事实争议”问题，因此笔者认为在进行比较研究时可以忽略这部分误差。

依据上述标准，笔者在中国裁判文书网上以“故意杀人罪（案由）+

---

① 马廷新案参见 http：//news. sina. com. cn/s/2008－06－11/094215721978. shtml。孙学双案参见 http：//news. sina. com. cn/s/sd/2010－12－16/144921654011. shtml 及冯翔：《“死囚”孙学双的“复活”之路》，《新闻天地》2010 年第 12 期。李杰等四人案参见 http：//www. 360doc. com/content/14/1222/10/191726_434762039. shtml。于英生案参见 http：//finance. sina. com. cn/roll/2017－02－27/doc－ifyavrsx5279205. shtml 及［检例第 25 号］于英生申诉案 http：//www. jcrb. com/jcjgsfalk/zdxal/xsjc/202003/t20200319_2132624. html。吴鹤声案参见 http：//blog. sina. com. cn/s/blog_4b7bfaf70101e1or. html。徐辉案参见 http：//guannews. com/xinwen/25388. html。王玉虎案参见 http：//news. sohu. com/20151118/n426910665. shtml。张绍友案参见 http：//www. 360doc. com/content/14/1222/09/191726_434759506. shtml。王本余案参见 http：//news. huaxi100. com/show－102－459958－1. html 及 http：//www. chinacourt. org/article/detail/2015/02/id/1544667. shtml。其余案件参见郭欣阳《刑事错案评析》，中国人民公安大学出版社 2011 年版。

刑事案件（案件类型）+ 裁定书（文书类型）+ 高级法院（法院层级）”为搜索条件，得到39776篇文书。之后对2021年和2020的文书依顺序阅读，得到样本案例20起，分别为（2021）豫刑终356号、（2021）陕刑终92号、（2021）宁刑终28号、（2021）渝刑终14号、（2020）青刑终47号、（2020）京刑终141号、（2020）粤刑终549号、（2020）粤刑终1476号、（2020）豫刑终293号、（2020）粤刑终1535号、（2020）皖刑终148号、（2020）粤刑终1146号、（2020）苏刑终187号、（2020）粤刑终1425号、（2020）豫刑终324号、（2020）冀刑终303号、（2020）陕刑终268号、（2020）皖刑终221号、（2020）辽刑终267号、（2020）闽刑终152号。

（二）样本案件的基本情况

1. 50起刑事疑案的基本情况

这50起刑事疑案都是原审判决被告人犯故意杀人罪，后因某种原因改判无罪的案件。其中，因“亡者归来”而纠错的有滕兴善、佘祥林、赵作海3起；因“真凶再现”而纠错的有石东玉、杜培武、李久明、孙万刚、张高平和张辉、呼格吉勒图、杨云忠、杨黎明等三人、丁志权、李化伟、覃俊虎等二人、陈金昌等人、刘日太、秦艳红、赵新建、李杰等四人、吴鹤声、张绍友、王本余19起[①]，其余28起案件[②]的再次处理都是贯彻了“疑罪从无”原则。在“疑罪从无”的28起案件中，王学义等13起案件是中级人民法院一审判有罪之后高级法院经上诉审而改判无罪；李怀亮等7起案件是中级法院一审判有罪之后高级法院发回重审而由中级人民法院改判无罪；范家礼等人和谭富义2起案件是中级人民法

---

① 于英生案先是再审改判无罪，之后真凶再现，因此将其归入“再审改判”的案件中；王本余案是其本人一直知道真凶为李彦明，不过司法机关对王本余案件的“翻案”依赖的是李彦明的供述，因此可以归入“真凶再现”中。

② 李怀亮强奸杀人案、王学义投毒杀人案、许政伟等三人故意杀人案、郭新才故意杀人案、王洪学等二人故意杀人案、邓立强故意杀人案、高宏亮故意杀人案、杨有康故意杀人案、李春兴故意杀人案、高进发强奸杀人案、黄爱斌故意杀人案、李志平故意杀人案、徐东辰强奸杀人案、童立民故意杀人案、姜自然故意杀人案、王云鹏故意杀人案、艾小东故意杀人案、陈世江故意杀人案、范家礼等故意杀人案、谭富义故意杀人案、李菊兰投毒杀人案、何家标投毒杀人案、王有恩故意杀人案、马廷新故意杀人案、孙学双强奸杀人案、于英生强奸杀人案。

院一审判有罪之后高级法院发回重审而由检察院撤回起诉；黄爱斌、李志平和王玉虎3起案件是中级人民法院一审判有罪之后高级法院发回重审期间被告人被释放，但司法机关并未给出法律上的无罪证明；艾小东、陈世江、于英生3起案件是两审终审判决有罪之后经再审改判无罪（见表1－1）。

表1－1　　　　50起刑事疑案的基本情况

判决变更情形		案件数量	占比（%）
亡者归来		3	6
真凶再现		19	38
疑罪从无	高院上诉审改判	13	26
	中院重审改判	7	14
	检察院撤诉	2	4
	被告人获释	3	6
	再审改判	3	6
案件总数		50	100

从“作案方式”[①]来看，在这50起疑案中，以“扼颈”致被害人窒息死亡的有12起，占24%；“投毒”的有4起，占8%；因“放火”“煤气中毒”致死的各有1起，各占2%；致死原因不明的有3起，占6%；使用枪支、刀具、木棍等凶器杀害被害人的有29起，占58%。在12起扼颈致死的案件中，有10起案件存在强奸或奸尸情节（见表1－2）。

① 对作案方式的统计是从“致死原因”角度考量的。例如，在高宏亮疑案中，原审认定被告人用木棍将被害人打晕后放火烧被害人致死，因此本案的作案方式为“放火”。对20起故意杀人已决案件作案方式的统计也如此。

表 1－2　　　　50 起刑事疑案的作案方式比例

分析角度		案件数量	占比（%）
作案方式	扼颈	12	24
	投毒	4	8
	放火	1	2
	煤气	1	2
	不明	3	6
	使用凶器	29	58
	案件总数	50	100

2. 20 起已决案件的基本情况

20 起故意杀人已决案件的裁定结果均为“驳回上诉，维持原判”。我们从上诉主体及原因、认罪认罚情况、被告人能力、作案方式四个角度进行分析（见表 1－3）。

表 1－3　　　　20 起证据确实充分的样本案例基本情况

<table>
<tr><th colspan="3">分析角度</th><th>数量</th><th>占比（%）</th></tr>
<tr><td rowspan="6">上诉主体及原因</td><td colspan="2">被告人认为量刑过重①</td><td>10</td><td>50</td></tr>
<tr><td rowspan="4">被告人认为量刑情节认定不当</td><td>被告人认为被害人有过错</td><td>5</td><td>25</td></tr>
<tr><td>被告人认为应认定自首</td><td>2</td><td>10</td></tr>
<tr><td>被告人认为系无行为能力或限制行为能力人</td><td>5</td><td>25</td></tr>
<tr><td>被告人认为其有施救行为，系悔罪表现②</td><td>1</td><td>5</td></tr>
<tr><td colspan="2">附带民事诉讼原告：赔偿金额</td><td>4</td><td>20</td></tr>
</table>

① 说明：（1）由于 20 起故意杀人已决案件均为二审裁定，被告人对“故意杀人”的事实和罪名适用没有争议，因此被告人的上诉理由均为量刑事宜。具体包括两种情况：一是被告人对一审法院认定的量刑情节无异议，但认为一审法院未充分考虑量刑情节，以致量刑过重，或者未说明具体理由，仅提出“量刑过重”。二是被告人认为一审法院对量刑情节认定不当或者提出一审法院未予考虑的其他量刑情节。（2）因被告人存在多种上诉理由，故总数不为 20 及 100%。（3）这里以“被告人”指代被告人及其辩护人。

② 该案主要涉及对证据的解读不同。

续表

分析角度		数量	占比（%）
认罪认罚情况	一审自愿认罪认罚	6	30
	一审未认罪认罚或情况不明	14	70
被告人能力	完全行为能力人	11	55
	限制行为能力人	9	45
作案方式	使用凶器	17	85
	扼颈①	4	20

说明：此处依分析角度统计比例。如“被告人能力”部分相加为100%。“作案方式”中，因有的案件不止一个被害人，故相加不为100%（见脚注）。

需要说明的是，为保证准确区分，在下文中的案例引用中，凡是属于“50起刑事疑案”的，使用“人名+案”的方式表述；凡是属于“20起已决刑事案件”的，则隐去了被告人的名字，使用“姓+某某+案”的方式表述。

二　证据短缺影响事实认定的表现

在刑事诉讼中，案件事实由一系列的待证事实组成，它可以分解为“七何”要素，即何事、何时、何地、何情、何故、何物、何人。② 这些事实要素都需要在案件审理过程中用证据加以证明。《高法解释》第72条第一款③规定了应当运用证据证明的案件事实，其中的前五项属于定罪

① 在（2020）陕刑终268号案中，被告人杀害其父母，其中一人系扼颈致死，另一人系使用砍柴刀致死。

② 何家弘、刘品新：《证据法学》，法律出版社2019年版，第219页。

③ 应当运用证据证明的案件事实包括：（一）被告人、被害人的身份；（二）被指控的犯罪是否存在；（三）被指控的犯罪是否为被告人所实施；（四）被告人有无刑事责任能力，有无罪过，实施犯罪的动机、目的；（五）实施犯罪的时间、地点、手段、后果以及案件起因等；（六）是否共同犯罪或者犯罪事实存在关联，以及被告人在犯罪中的地位、作用；（七）被告人有无从重、从轻、减轻、免除处罚情节；（八）有关涉案财物处理的事实；（九）有关附带民事诉讼的事实；（十）有关管辖、回避、延期审理等的程序事实；（十一）与定罪量刑有关的其他事实。

事实，也是对“七何”要素的明确和呼应。也就是说，在故意杀人案中，应当用证据证明的基本案件事实包括：（1）被告人的身份及其刑事责任能力；（2）被害人的身份；（3）被告人实施了指控的杀人行为；（4）被告人有杀人的动机，存在直接故意或者间接故意的罪过；（5）故意杀人行为的时间、地点、手段、后果及起因等。当有足够证据证明上述待证事实时，就可以认定案件事实的存在；但是当没有证据证明或者没有有力证据证明上述待证事实时，案件事实就难以重构，也就无法判定事实存在。在刑事疑案中，证据短缺往往表现出这两种情形：一是证明待证事实的证据数量不足；二是证明待证事实的证据效力不足，即已有证据不足以使人确信该待证事实存在。

（一）证明待证事实的证据数量不足①

在50起刑事疑案中，案件中的证据未能证明所有犯罪构成要件或案件事实要素，未能形成完整证据链的现象十分普遍。前述“七何”要素可以表述为“何人因何在何时、何地以何种方式做了何事”，其中证明要点在于“何人做了何事”。而在刑事疑案中，最常见的就是“被告人实施了指控的杀人行为”未得到证明，这主要表现为两种：一是没有充分的证据将被告人与该起案件中的杀人行为联系起来；二是现有证据对故意杀人行为的具体时间、地点、手段、后果及起因等的证明仍然存在模糊或矛盾的地方。

通常来说，要证明被告人实施了该起犯罪，要么依靠能够证明案发全程的直接证据，如被告人供述、目击证人证言、被害人陈述和监控录像等；要么依靠将被告人和杀人行为联系起来的间接证据，如现场或被害人体内提取到的被告人指印、血液、毛发和精液等生物物证，被告人衣物或身体上提取到的被害人血液、毛发等生物物证，证明被告人案发前出现在犯罪现场或具备作案时间的证人证言等。在20起故意杀人已决

① 该部分内容将证明待证事实的证据数量不足和证明待证事实的证据效力不足分开讨论。在分析证明待证事实的证据数量不足时，不考虑缺乏证据能力和证明力对证据的影响。例如，有两起案件，一起案件缺少必要的鉴定意见，在将其与另一起有鉴定意见的案件进行比较时，我们不考虑第二起案件中鉴定意见质量是否符合法律规定。

案件中，有5起案件的直接证据既包括被告人供述，也包括证人证言[①]，间接证据的数量也较多。而在50起刑事疑案中，能够证明被告人实施了杀人行为的证据往往只有被告人的供述，既没有其他的直接证据[②]，也没有充分的间接证据。

以使用作案工具的故意杀人案件为例。一般情况下，在这些故意杀人案的现场、作案工具上等处，容易留下犯罪嫌疑人的指印、掌印等生物痕迹，而且被害人遭到木棍、刀具或斧子等器具袭击后，往往会有血迹喷溅在现场或犯罪嫌疑人的身上。这些生物物证的指向性较强，是锁定犯罪嫌疑人或排除犯罪嫌疑人的有力证据。但在笔者所统计的使用凶器杀人的29起疑案中，现场未提取到犯罪嫌疑人的相关物证，且被告人处不存在与案件相关的生物物证的有12起；现场存在可能与犯罪嫌疑人有关的物证但未提取或提取后未鉴定或未提供鉴定结果，且被告人处不存在与案件相关的生物物证的有7起；现场未提取到犯罪嫌疑人的相关物证，而被告人处发现血迹的有7起；现场有相关物证且被告人处有血迹，但无法作出同一认定的情况有3起。后两种情形虽然有相关证据，但是证明力不强，涉及有效证明的问题。所以整体来看，在29起疑案中，没有证据证明被告人与故意杀人案有关联的有19起，占到65%以上（以29起案件为基数）。我们假设现场出现被告人的生物物证为A，没有出现为-A；被告人处存在与案件相关的生物物证为B，没有出现为-B；生物物证未提取或未鉴定或未出具鉴定结果视为-A。刑事疑案与已决案件的对比见表1-4。需要说明的是，在已决案件-A&-B的2起案件中，有1起案件有目击证人证言，另外1起案件被告人系自己报警，投案自首。

① 另有3起案件的被告人在作案后告知亲戚朋友自己杀了人。

② 在陈金昌案中，有被害人陈述作为直接证据，但该陈述事后被证实指认错误，属于证据质的短缺。参见郭欣阳《刑事错案评析》，中国人民公安大学出版社2011年版，第311页。

表 1－4　　刑事疑案与已决案件中指向性证据的对比情况

情况列举	刑事疑案		已决案件	
	案件数量	占比	案件数量	占比
A&B	3	10%	6	35%
A&－B	0	0	2	12%
－A&B	7	24%	7	41%
－A&－B	19（12＋7）	66%	2	12%
总计	29	100%	17	100%

事实上，不止生物物证，其他间接证据也存在类似情况。例如，在50起疑案中，有17起案件的已有证据无法证明被告人具备作案时间，占50起案件的34%。可见，大部分案件中没有足够的指向性证据将被告人与杀人行为联系起来。

司法人员要认识故意杀人行为的时间、地点、手段、后果及起因等事实，除依赖直接证据外，也需要借助于大量的间接证据，如现场勘查笔录、尸检报告①、作案工具等物证，证人证言②等。这些证据通过内容的交叉性，一环扣一环来发挥对事实的证明作用。间接证据的数量越多，司法人员就越容易重构事实经过；反之，间接证据数量不足会导致证明环节的缺失、证据链的断裂，事实经过就呈现出碎片化、模糊化。在前述使用凶器的17起已生效的刑事判决案件中，有16起能够确定作案工具及其来源，占94%。与此相比，29起使用凶器的疑案中，仅有6起案件能够认定作案工具，占21%，而其他23起案件有的找不到作案工具（13起），有的无法认定作案工具（9起），还有1起案件的相关材料中未提及作案工具问题（见表1－5）。

---

① 投毒杀人案中的刑事技术鉴定结果与尸检报告发挥的证明作用相似，即可用于证明被害人的死因或致伤原因。另，这类间接证据几乎存在于每起杀人案中，由侦查机关出具，有固定的文书形式，一方面可以证明有案件发生，另一方面可以部分还原案件发生过程，因此可将之称为“格式证据”。

② 例如，在使用爆炸方式杀人的案件中，证人证实，其在案件发生时先听到了争吵声，后听到了爆炸声。

表1-5 使用凶器的刑事疑案和已决案件中作案工具的对比情况

情况列举	刑事疑案		已决案件	
	案件数量	占比	案件数量	占比
能够认定作案工具	6	21%	16	94%
查找不到作案工具	13	45%	1①	6%
无法认定作案工具	9	31%		
案件材料中未提及	1	3%		
总计	29	100%	17	100%

疑案样本中用于证明被告人动机的证据往往薄弱。通常来讲，侦查机关会根据被害人的人际交往情况，沿着情感纠纷、财产纠纷等方向查找、锁定犯罪嫌疑人，这一过程中收集到的“动机证据”在事实认定阶段会转化成证明被告人动机或罪过的证据。在20起故意杀人已决案件中，就有12起案件有明确的证人证言证明被告人与被害人之间案发前存在一定矛盾，占60%。相比之下，在一些刑事疑案中却存在仅被告人供述中有“动机”，且该“动机”事后被证明纯属臆测的情况。例如，李化伟案。② 由于死者是李化伟之妻，所以案发后李化伟被列为首要嫌疑人，然而控方并没有提供证据证明李化伟的杀人动机，只有口供中提到“婚后怀疑被害人婚前与他人发生过性关系，一直嫉恨在心，因给被告人家钱一事发生口角后将被害人杀害”。但事实上，周围人员都称李化伟与其妻并没有什么矛盾，二人关系不错，而这一“动机”在真凶出现后被确认子虚乌有。在疑案样本中，除口供外，没有其他证据证明被告人动机或直接故意、间接故意的有21件，占50起疑案样本的42%。实际上，只有在被告人确实实施了犯罪行为的情况下，“动机”才能作为证据证明被告人的主观方面，在不确定被告人是否有罪的情况下，“动机证据”不具有证明价值。

虽然“被告人的身份及其刑事责任能力”和“被害人的身份”这两

① 在（2021）宁刑终28号案中，被告人供述称其将作案工具丢弃，案卷中有丢弃地点的指认笔录。

② 郭欣阳：《刑事错案评析》，中国人民公安大学出版社2011年版，第243页。

项基本事实与其他待证事实相比，比较容易证明，但疑案样本中也存在缺少证据、无法证实被害人身份的情形。显然，确定被害人身份最有力且最直接的证据是DNA鉴定，然而在50起疑案中，有4起案件未对被害人作DNA鉴定，或者DNA鉴定未比对出结果。被害人身份的不确定导致了“亡者归来”现象的出现。

在李春兴疑案①的原审中，公诉方提供的有罪证据包括：（1）被告人的认罪口供，证明其因砍树与被害人产生纠纷，案发时用木棍将被害人打死；（2）现场勘查笔录；（3）证人证言一，证明发现被害人并报案的经过；（4）证人证言二，证明被告人案发前有弄死被害人的意思表示；（5）尸体检验报告，证明被害人系被钝物击打头部，颅内出血死亡；（6）现场提取的物证（木棍）上的血迹与被害人血型一致，证明系作案工具；（7）鉴定意见，证明砍树现场发现的纸条系被告人所写。在该案中，除被告人口供外，没有其他直接证据，间接证据的数量也不够充分。首先，本案中的侦查人员在进行现场勘查之前，案发现场就已遭到破坏，导致未能提取到足够有价值的线索，没有指向性的间接证据能够证明“被告人实施了杀人行为”。其次，现场勘查笔录、尸体检验报告、提取到的木棍及其血迹鉴定意见只能证明被害人曾遭到木棍击打，而未能证明使用该木棍的是被告人李春兴。最后，证人证言和砍树现场发现的纸条虽然能够证明被告人有作案动机，却无法证明被告人实施了杀人行为。这就是疑案中常见的证据数量的短缺。

（二）证明待证事实的证据效力不足

即使一个案件中的待证事实均有证据加以证明，但在已有证据无法使人确信待证事实真实的情况下，司法人员依然无法认定案件事实的存在。换言之，证明待证事实的证据必须为“有效证据”并且形成“有效证明”。所谓“有效证据”是指符合证据法规范的证据。根据证据属性的要求，只有具备合法性、关联性、客观性的证据材料才能在法庭上作为证据使用。同时，“发现真实”的目的要求作为定案根据的证据必

---

① 参见郭欣阳《刑事错案评析》，中国人民公安大学出版社2011年版，第113—121页。

须具有真实性，否则便会对法官事实认定产生误导。所谓“有效证明”是指证据的证明力足以使人相信事实的存在。“有效证明”既有可能是由单个证据所形成，也有可能是由多个证据所形成——前提是这些证据都具有合法性、关联性、客观性、真实性，是“有效证据”。2019 年最高人民检察院颁布的《人民检察院刑事诉讼规则》（以下简称《高检规则》）第 368 条对“证据不足”作出了解释，其中第二项“据以定罪的证据存在疑问，无法查证属实的”、第三项“据以定罪的证据之间、证据与案件事实之间的矛盾不能合理排除的”、第四项“根据证据得出的结论具有其他可能性，不能排除合理怀疑的”都涉及缺乏有力证据证明的问题。①

刑事疑案中待证事实的证明往往缺乏有力证据，也就是证据的效力不足，主要表现为证据能力欠缺和真实可靠性不足。其中，因证据来源、内容和形式不合法、证据关联性不强导致的证据能力欠缺，因证据内容存在矛盾、证据同一性存在疑问和误读证据价值导致的真实可靠性不足最为常见。

1. 证据能力欠缺

根据《刑事诉讼法》中非法证据排除规则的规定，来源、内容和形式不合法的证据依法应当排除。然而在疑案原审时，合法性存疑的证据却十分常见。例如，在郭新才疑案中，其女儿的证言称“案发当晚郭新

① 原文表述为“具有下列情形之一，不能确定犯罪嫌疑人构成犯罪和需要追究刑事责任的，属于证据不足，不符合起诉条件：（一）犯罪构成要件事实缺乏必要的证据予以证明的；（二）据以定罪的证据存在疑问，无法查证属实的；（三）据以定罪的证据之间、证据与案件事实之间的矛盾不能合理排除的；（四）根据证据得出的结论具有其他可能性，不能排除合理怀疑的；（五）根据证据认定案件事实不符合逻辑和经验法则，得出的结论明显不符合常理的”。该条文虽然是对检察机关起诉行为的指导，但也可以作为审判标准的借鉴。事实上，最高人民法院与最高人民检察院、公安部、司法部于 2007 年联合颁发的《关于进一步严格依法办案确保办理死刑案件质量的意见》就曾对“证据不足”作出过解释，其内容与第 368 条类似，可见最高人民法院也认可此标准。第 25 条原文表述为“具有下列情形之一，不能确定犯罪嫌疑人构成犯罪和需要追究刑事责任的，属于证据不足，不符合起诉条件：（1）据以定罪的证据存在疑问，无法查证属实的；（2）犯罪构成要件事实缺乏必要的证据予以证明的；（3）据以定罪的证据之间的矛盾不能合理排除的；（4）根据证据得出的结论具有其他可能性的”。

才曾骑车外出”。但当时其女儿才16岁，系未成年人，公安机关并未依照法定程序向其询问，甚至在取证时还采取了“恐吓”的方式。这一点证人后来多次予以证明。[①] 还有“重灾区”的被告人供述——50起疑案中几乎每一起的辩方都提出存在刑讯逼供。这些合法性存疑的证据本应被排除在法庭之外，却成为原审法庭认定被告人有罪的根据。

刑事疑案中定案依据证据能力欠缺的另一问题在于证据关联性不强。关联性要求每一个具体的证据都必须对证明案件事实具有实质性的意义。实证分析显示，疑案中的某些证据与待证事实并无必然联系，或者其内容未能有效证明待证事实。例如，在郭新才疑案[②]中，控方提供的证据之一是被告人书写的恐吓信，它成为控方认定被告人因矛盾纠纷谋杀了被害人的关键证据。但是正如前文所说，该证据只能证明被告人与被害人存在矛盾，而无法证明是被告人实施了犯罪行为，换言之，无法有效证明被告人与杀人案件有任何关联。存在类似情况的案件还有李春兴疑案、何家标疑案。又如，在案件事实存疑的情况下，将前科作为犯罪动机，据此认定被告人的犯罪行为。在高进发强奸杀人疑案中，警方将高进发锁定为犯罪嫌疑人的原因正是其曾因奸污幼女罪被判刑的前科。虽然群众代表的证言已经证明高进发没有作案时间，但办案人员认定其就是凶手。[③] 在50起刑事疑案中，用品格证据证明犯罪意图的共有6起，占50起刑事疑案的12%。

2. 真实可靠性不足

运用比对审查，看两个或多个证据能否合理地共同证明案件事实可以帮助确定证据的真实可靠性。例如，在凌某某故意杀人案[④]中，法院认定其犯故意杀人罪的证据包括：（1）被告人供述；（2）证人（房东）证言，称看到被告人手持砍柴刀追赶满头是血的被害人并听到被告人说自己把被害人“做了”；（3）证人（被害人妻子并被告人女友及其同事、

① 参见郭欣阳《刑事错案评析》，中国人民公安大学出版社2011年版，第27页。

② 参见郭欣阳《刑事错案评析》，中国人民公安大学出版社2011年版，第27页。

③ 参见郭欣阳《刑事错案评析》，中国人民公安大学出版社2011年版，第123页。

④ 参见福建省高级人民法院（2020）闽刑终152号刑事裁定书。

妹妹）证言，证明被告人与被害人的关系及矛盾；（4）手机、U 盘及其检验报告证明，被害人曾辱骂、威胁被告人；（5）尸检报告，证明被害人系锐器刺入胸腔致心脏破裂导致死亡；（6）现场勘验笔录、提取笔录等，证明案发现场情况，提取砍柴刀、匕首及各种痕迹物证的情况；（7）砍柴刀、匕首等物证及其辨认笔录，证明均系作案工具；（8）鉴定意见，证明案发现场空间、物品上留有被告人血迹，匕首刀刃、被告人左脚鞋及外套上留有被害人血迹；（9）侦破报告、到案经过及报警记录、户籍证明等，证明办案经过，被告人主动投案及被告人、被害人身份情况。本案所列证据都与案件事实相关，而且：证据（3）（4）共同反映出被告人和被害人之间案发前已有过节；（5）（6）（7）共同证明砍柴刀、匕首系作案工具及二者来源于案发现场；（1）（2）（6）则共同证明了案发的基本经过。综合来看，全案证据均已查证，相互之间不存在无法解释的矛盾，内容属实，具备真实可靠性，能够得出被告人因先前矛盾持砍柴刀、匕首故意杀人的唯一结论。

而在刑事疑案中，证据与证据之间存在矛盾，真实性无法确定的现象却十分普遍。最典型的就是被告人供述。例如，在吴鹤声错案中，侦查机关对其进行了 71 次审讯，但其只在 1991 年 5 月 7 日、8 日两天一夜的审讯中，承认自己杀过人，可见该案中存在多份无罪供述和少量的有罪供述。而在有罪供述中，吴鹤声一会儿称其将被害人掐死后推入湖中，一会儿称其用水果刀将被害人杀死后推到山下，一会儿又称其用石头将被害人砸晕后推入湖中。[①] 而最终侦查机关也未能找到任何作案工具。被告人供述的内容与其他证据内容存在矛盾的现象也屡见不鲜。例如，在王本余错案中，王本余供称其是在一卫生院将被害人骗走，但被害人的父亲却说被害人是在学校附近失踪的；王本余供称其拐骗被害人时，被害人背了书包，而被害人的父亲却说被害人的书包一直在学校；王本余供称其对被害人实施了奸淫，但尸检报告显示被害人的损伤符合

---

① 参见俗人海洋的博客《真凶落网之十五吴鹤声故意杀人案》（2012－11－30），http://blog.sina.com.cn/s/blog_4b7bfaf70101e1or.html，最后访问日期：2022 年 2 月 23 日。

钝性物体作用形成，男性性器官单独作用难以形成。[①] 除被告人供述外，还有的案件中存在证人证言之间相互矛盾、鉴定结果与其他证据无法印证等类似问题。显然，当各证据内容之间存在矛盾或无法解释的地方时，不仅证据的真实可靠性存疑，而且难以得出唯一确定性的结论。

如果证据的同一性存在疑问，证据的真实可靠性也无法确定。所谓证据的同一性，是指法庭审查判断的证据应当是案发现场提取的证据，且没有被替换、没有发生变质或损坏。[②] 这是因为案发过程中所产生的物证，尤其是血迹、指印、掌印等容易发生灭失、变更，因此侦查应该严格按照相关法律和规范要求全面、合法地收集和保管。[③] 刑事疑案中不乏无法证明证据同一性的情况。例如，在李久明错案中，律师在开庭时就提出“DNA 鉴定结论上没有关于检材来源、取得、送检过程以及必要鉴定过程的相关内容”，且被告人毛发的提取、保管、鉴定均无笔录证实”。[④] 那么，作为检材的毛发是否为案发现场提取的毛发，还是侦查人员事后又从被告人身上提取的？如果这一点无法证明，那么该份鉴定结论的真实性就存在疑问，法官就不能采信。类似的情况还出现在聂树斌错案中。让聂树斌辨认的衬衣，与现场勘查照片中缠绕在被害人颈部的衬衣并不相同。据侦查人员解释，这是因为现场提取的衬衣不方便辨认，所以水洗之后才让聂树斌辨认。暂且不说水洗之后衬衣的形态会发生变化、衬衣上有价值的信息可能会遗失，水洗是如何进行的，之后又是如何进行的辨认？这些在卷宗中都没有记载，让人不得不怀疑辨认的

---

① 参见中国法院网《聚焦“王本余错案”：18 年后杀人罪名终洗清》（2015 - 02 - 02），http：//www. chinacourt. org/article/detail/2015/02/id/1544667. shtml，最后访问日期：2022 年 2 月 23 日。

② 何家弘、刘晓丹：《论科学证据的采纳与采信》，《中国司法鉴定》2002 年第 1 期，第 16 页。

③ 徐月笛：《论物证鉴定意见的合法性——从刑事错案和规范分析两个视角》，《证据科学》2016 年第 4 期，第 444 页。

④ 参见何家弘《迟到的正义——影响中国司法的十大冤案》，中国法制出版社 2014 年版，第 109 页。

衬衣是不是现场发现的衬衣。[1] 而这种情况下的辨认结果显然是不可信的。

证据真实可靠性不足还有一种表现是对证据价值的误读，即原审法官将证明价值较小的证据误读为证明价值较大的证据，因此错误认定了案件事实。例如，在呼格吉勒图错案中，侦查机关仅仅因为被告人指缝余留血样与被害人咽喉被掐破处的血样吻合，就认为呼格是强奸杀人的凶手。殊不知，血型并非与唯一客体相对应的特征反映体，它对应多个客体，或者说一类客体，血型吻合属于种属认定而非同一认定，其可以发挥排除作用却远不能得出确定性结论。而在徐辉疑案中，虽然警方已经对被害人体内残留的精液进行了 DNA 鉴定，但是鉴定中仅采用了 4 个位点，既不能肯定该精液是徐辉的，也不能排除该精液是徐辉的可能。[2] 换言之，DNA 鉴定结果是非确定性的，不具有排他性和唯一性。[3] 但这份证据却成为办案人员认定徐辉为凶手的重要依据。在 50 起刑事疑案中，存在因证据不具有唯一性和排他性而无法证明被告人系作案人情况的案件有 12 起。另外，测谎结论、根据鞋底压痕所反映的步法特征对穿鞋人进行同一认定的原理、方法和技术虽具有一定的科学性，但未能得到实践的充分验证和同行的一致认同[4]，因此在对人身进行同一认定时，其证明价值相对较弱，此类案件在样本中有 3 起（见表 1－6）。

---

① 聂树斌案并不是本文的讨论样本，但其中存在的证据同一性存疑问题却十分典型，因此作为案例进行阐述。参见网易新闻《最高检官员反思聂树斌案：证据的同一性缺乏保障影响证据效力》（2017－02－27），https：//www. thepaper. cn/newsDetail_ forward_ 1628042，最后访问日期：2022 年 2 月 23 日。

② 参见搜狐新闻《揭秘“徐辉案”平反幕后，关押 16 年后无罪释放》（2014－10－13），http：//news. sohu. com/20141013/n405047623. shtml，最后访问日期：2022 年 2 月 23 日。

③ 事实上，这种“DNA 鉴定结果是非确定性”的情况在 20 起故意杀人已决案件中也存在。例如，在（2020）陕刑终 268 号蔡某某故意杀人案中，公安机关对受害人项某某手指甲内侧擦拭物进行了检验，结果显示，该擦拭物“包含嫌疑人蔡某某血样和受害人项某某血样的 STR 分型结果，不排除该擦拭物来源于蔡某某和项某某”。

④ 何家弘：《当今我国刑事司法的十大误区》，《清华法学》2014 年第 2 期，第 47—67 页。

表 1－6　　刑事疑案中证据真实可靠性存疑的情况①

分析角度	存在问题	案件数量	占比
证据内容存在矛盾	被告人有罪供述之间相互矛盾或与其他证据无法印证	28	56%
	证人证言之间相互矛盾	4	8%
	鉴定结果与其他证据无法印证	7	14%
	作案工具与尸检报告不符	2	4%
	现场勘验笔录与尸检报告不符	2	4%
误读证明价值	证据不具有唯一性和排他性	12	24%
	鉴定方法的科学性存疑	3	6%

说明：见脚注①。

在50起刑事疑案中，还存在大量证据虚假的情况，如鉴定造假（2起）、作案工具造假（3起）、证人证言虚假（8起）、篡改证人证言（1起）。不过，我们不能做“事后诸葛亮”，因为这些造假情形往往都是案件披露之后才被发现的。在案件审理时，法官能做的就是通过单个审查和比对审查，找出证据中的矛盾点、可疑处，审慎地判断证据的真实性、可靠性，并正确认识证据的证明价值。

综上所述，证据短缺在案件中往往表现为“证明待证事实的证据数量不足”和“证明待证事实的证据效力不足”两种。正是由于事实要素无法得到有效证明，所以案件事实具有了模糊性——疑案正是在这一前提下形成的。当然，刑事错案的产生并不仅仅在于证据短缺，办案人员法治意识的缺失、有罪推定思想的根深蒂固、疑罪从有从轻的处理方式等都是导致错案的原因。但证据是事实认定的基础，如果这些案件中的证据充足，错案形成的概率便会大大降低。虽然证据充足并不一定带来正确裁判，但证据不充足必然阻碍正确裁判。因此可以说，证据短缺是

① 由于案情资料的局限性，一些案件中可能存在证据真实可靠性不足的情形，但资料没有显示，所以该表格的统计结果并不完全精确。另外，一些案件中可能既存在“被告人有罪供述之间相互矛盾或与其他证据无法印证”的情形，也存在“证人证言之间相互矛盾”的情形，所以分别统计在各项中。因此，该表格的“案件数量”总数并不能以“50”为基数计算。

造成事实无法认定的根本原因。

三　证据短缺现象的特点

通过已决案件与刑事疑案中的证据对比，我们可以发现，证据短缺表现出一定的特点，如言词证据往往不可靠，实物证据往往数量不足。而且，当证据短缺程度足以影响事实认定时，短缺必然出现在关键事实的证明中，进而导致全案证据的证明逻辑混乱，无法得出排他性的唯一结论。

（一）待证事实关键点的证明缺失或不力

前文已经提到，只有要件事实得到证明，案件事实才能认定。然而证据短缺恰恰发生在司法证明关键环节中，即案件构成要素事实的证据短缺——要么缺少证据对该事实予以证明，要么已有证据的内容不可靠，使该事实处于真假不明的状态。例如，缺少被害人身份的证明，缺少被告人实施了指控的犯罪行为的证明，唯一能够证明被告人实施了指控的犯罪行为的证据（被告人供述）缺少可靠性等。在所有构成要素事实中，最难证明的当数“被告人实施了犯罪行为”，即认定被告人与作案人的同一性，但它却是司法证明中最重要的部分。疑案样本中的证据，除作为直接证据的口供外，现场勘验笔录、鉴定意见等间接证据中的大多数只能证明“有案件发生”，而无法证明“被告人实施了该起犯罪”，即在“有案件发生”“被告人实施了犯罪”“被告人实施了该起犯罪”之间，证据未能架起一座可靠的桥梁。这就是证据链条的环与环之间没有紧密衔接，导致证明的关键环节上出现了缺口。如果“何人干了何事”的基本案件事实模糊不清，办案人员构筑的整个事实框架就会分崩离析。

值得一提的是，作为重灾区的司法证明关键环节的证据短缺，往往是源自侦查阶段并贯穿刑事诉讼始终的。事实上，如果案件审理过程中办案人员能够提供证据补足模糊事实的证明，案件就可以继续审查认定——但它显然有难度。因为与审查起诉或法庭审判相比，侦查工作拥有最接近案件真实的“先天优势”，并据此源源不断地向“下一道工序”

输送能够证明案件情况的各种证据。而侦查人员制作的带有各种证据的案卷既是检察机关提起公诉的主要依据，也是审判机关作出裁判的主要依据。在这种情况下，法官认定案件事实所能依赖的证据数量，基本取决于侦查阶段公安机关收集到的证据数量，而法官对证据的审查也依赖于侦查机关在“流水线”上传送的包括各种证据材料在内的案卷。从这个角度来讲，侦查工作虽然在整个刑事诉讼程序中处于开端位置，却已经在相当程度上“代替”检察机关和审判机关完成了对案件事实关键环节的证明。虽然《刑事诉讼法》第52条规定，审判人员同检察人员、侦查人员一样，有权收集有罪证据、无罪证据、罪轻证据等，但该条款在实践中却往往难以落实。另外，审判机关将案件退回补充证据可能存在一定的风险。在证据已然短缺的情况下，侦查机关有时会以“情况说明”的方式避重就轻，有时则会为了“答疑”而伪造证据。例如，在杜培武错案中，控方最初提供的提取笔录中只记载提取了案发现场“车辆离合器”上的泥土，而物证检验报告中却将提取笔录中未出现的“刹车踏板”和“油门踏板”上的泥土作为对比检材。在辩方提出质疑后，控方又“补足”了现场提取笔录中关于“刹车踏板”和“油门踏板”上泥土的记载。[①] 这不仅让人怀疑“刹车踏板”和“油门踏板”上泥土的来源，也让人怀疑侦查机关可能存在证据造假或混合检材的行为。可见，司法证明关键环节的证据短缺往往很难得到补足。而此时若法官能够坚持疑罪从无，被告人将获得无罪判决；若法官受到外界压力，屈从于侦查机关给出的不合理的“说明”，就可能作出“关键环节已经得到证明了”的事实认定，从而导致错案。

（二）言词证据不可靠和实物证据不充分

在“证明待证事实的证据数量不足”和“证明待证事实的证据效力不足”的两种表现中可以发现，刑事疑案中的言词证据（被告人供述、被害人陈述、证人证言、鉴定意见等）容易出现质量上的问题，即真实可靠性不足；而实物证据（物证、书证、视听资料等）更容易出现数量

① 参见郭欣阳《刑事错案评析》，中国人民公安大学出版社2011年版，第144页。

上的不足。①

言词证据的真实可靠性不足是疑案的一大“顽疾”。在50个疑案样本中，有8起案件出现虚假证人证言，还有1起案件出现被害人陈述错误，它们在原审时没有经过严谨的审查判断，最终成为误判的定罪证据。当然，真实可靠性最值得怀疑的言词证据莫过于被告人供述。由于客观情况限制，疑案中往往没有目击证人证言，被告人供述几乎是疑案中唯一能够证明主要案件事实的言词证据。然而，正因其“独一无二”，所以才更容易成为真假不明的“洼地”。在“亡者归来”和“真凶再现”的22起案件中，被告人的“有罪供述”已被确定为虚假；而在其余28起案件中，几乎所有的被告人都在庭审时提出存在刑讯逼供，还有多起案件的辩方明确提出证据加以证明，却均未得到原审法庭的重视。这些被告人供述是“由证到供”的虚假产物，是为了印证而印证的“人造证据”。此外，刑事疑案中出现的被告人口供反复、被告人有罪供述之间相互矛盾、证人证言之间相互矛盾等情况也给它们的真实可靠性画上了问号。这些真假存疑的证人证言、被害人陈述和同案犯供述、被告人供述等不仅使案件变得扑朔迷离，也成为法官正确认定案件事实的挡路石。

事实上，由于言词证据依赖于人对客观事物的反映，依赖于人的表达，因此其本身就带有很强的主观性。被害人、证人是在感知案件事实发生的基础上作出的陈述，其真实性、准确性、客观性会受到认识能力、感知能力等的影响。尤其对那些与作案人有直接接触或者在犯罪现场目睹犯罪行为发生的被害人而言，他们虽然对案件的发生过程有着最深切的感知，但由于是被动地参与其中，自身权益又受到侵害，在案件发生时往往出现精神高度紧张、恐慌等情绪上的巨大波动，所以他们很难对包括犯罪嫌疑人在内的周围事物或环境进行冷静、清醒的观察和记忆。因此，被害人陈述虽然对案件的侦破、事实的证明有极大的价值，但也存在错误的可能。例如，在陈金昌等4人错案中，案发后被害人向警方

① 由于勘验、检查笔录几乎存在于每起杀人案中，由侦查机关出具，有固定的文书形式，或可称其为“格式证据”，也有学者将其称为“过程证据”（参见陈瑞华《论刑事诉讼中的过程证据》，《中国检察官》2015年第5期）。至于辨认笔录，由于其带有较强的主观因素，笔者以为它更近似于言词证据。

报案时，一口咬定犯罪嫌疑人是陈金昌等 4 人。警方也奔着这个方向对他们进行了侦查和逮捕。然而事后发现，这 4 名被告人纯属无辜，真凶另有其人。[①] 同理，虽然证人的自身利益未受侵害，但其对案件事实的认识也并非全部真实。［美］安耶·拉特勒教授 1988 年报告显示，错案成因中目击证人的辨认错误占 52.3%；［美］谢克·钮菲德与达维尔教授 2000 年报告显示，错案成因中错误的辨认占 81%，不可靠的一般证人证言占 20%。[②] 与此同时，我们也要正确认识“鉴定意见”这一特殊的言词证据。由于鉴定意见是鉴定人在鉴定结果的基础上，凭借自己的学识和经验等所作出的[③]，因此其带有鉴定人的主观色彩——我国将“鉴定结论”改为“鉴定意见”，正是为了警示司法人员，对鉴定意见不能全听全信，需要对其证据能力和证明力进行判断。由此可见，言词证据自产生之时起，就带有真实可靠性不足的可能。

疑案中的实物证据突出表现为数量的稀缺。相对于言词证据而言，实物证据更容易“说真话”。虽然实物证据，尤其是物证，容易损毁或灭失，但只要及时、正确地提取、保管和使用，就能充分发挥其证明价值。然而样本案件显示，在那些事实无法认定的案件中，实物证据普遍数量不足。在杜培武错案中，由于警方始终未找到作案枪支，于是强迫杜培武供称“枪被拆散，沿途扔了，扔到滇池里去了……”[④] 生物物证因现场条件限制提取不到、该提取而未提取，或者收集、保管、使用不当导致的遗失等情况更比比皆是。在呼格吉勒图错案中，作为关键物证的死者体内的混合体液，至今仍未得到确切答案：究竟是没有提取还是提取后没有送检?[⑤] 可见，生物物证常常成为疑案证据链上的“缺口”。与此相反，在 20 起已生效的刑事判决案件中，除存在两个以上直接证据或被告

---

① 参见郭欣阳《刑事错案评析》，中国人民公安大学出版社 2011 年版，第 311—318 页。

② 报告的数据来源为刘品新《当代英美刑事错案的实证研究》，《国家检察官学院学报》2007 年第 1 期。

③ 参见李学军《诉讼中专门性问题的解决之道——兼论我国鉴定制度和法定证据形式的完善》，《政法论坛》2020 年第 6 期，第 45 页。

④ 郭欣阳：《刑事错案评析》，中国人民公安大学出版社 2011 年版，第 142 页。

⑤ 徐月笛：《论物证鉴定意见的合法性——从刑事错案和规范分析两个视角》，《证据科学》2016 年第 4 期，第 437 页。

人自首、主动告诉他人自己犯罪行为的14起案件外，其余6起案件中存在“被告人衣物上生物痕迹为被害人所留”的有4起，“现场遗留被告人生物痕迹”的有3起。[①] 这些指向性实物证据与其他证据一起，使证明案件事实的证据锁链得以闭合。另外，书证、视听资料等实物证据在刑事疑案中更为少见，即使存在，也多如前文分析的那样，关联性不强、证明力不足。所以说，实物证据数量的短缺是案件事实认定的短板。

（三）全案证据难以形成完整的证明逻辑

案件事实的认定离不开经验和逻辑，而逻辑在案件事实认定中发挥着推理的作用。[②] 在认定事实时，证据是“碎片”，逻辑就是“黏合剂”。如果逻辑清楚，且能将证据的内容无缝黏合起来，事实就得以重构；如果证据太过零散，甚至存在漏洞而无法黏合，事实则难以重构。案件中出现证据短缺，往往意味着证明点的分散，当分散程度导致证明逻辑断裂时，法官就难以作出事实认定。

有学者称，事实与证据的关系结构可以分为三种类型，即串联模式、并联模式和协同模式。其中，串联模式强调证据的递进累加，缺少证据会造成证明环节的缺失，从而直接导致案件事实无法证明；并联模式中的证据相对独立，分别证明案件中的事实，但相互之间需要通过印证检验单个证据的真实性，某一证据的不真实并不影响其他证据证明作用的发挥；协同模式则是串联模式和并联模式的混合。[③] 相对来说，“串联模式”对间接证据数量的要求较高，而“并联模式”则对直接证据的数量要求较高。当然，二者均要求作为证明逻辑点的证据必须具有真实可靠性。在刑事案件的证明中，单纯的“串联模式”或者单纯的“并联模式”都不多见，大多是二者混合下的“协同模式”。而证据短缺既有可能是证据数量不足，也有可能是证据质量不足，造成的结果便是全案证据难以

---

① 有1起案件中，“被告人衣物上生物痕迹为被害人所留”和“现场遗留被告人生物痕迹”的情形同时存在。

② 李苏林：《证据裁判原则下的案件事实认定》，《山西大学学报》（哲学社会科学版）2015年第3期，第132页。

③ 参见王舸《案件事实推理论》，中国政法大学出版社2013年版。

形成完整的证明逻辑，质言之，存在逻辑漏洞。

笔者以一起原审与上诉审均坚持疑罪从无的案件为例进行阐述。[①] 在该案中：(1) 侦查人员在案发现场（蔬菜水果店）旁边的居民楼楼道窗台上提取了一袋橙子，装橙子的塑料袋上有多枚指印，但只有一枚具有鉴定价值，经鉴定与被告人左手食指指纹相符；(2) 多份证人证言证明被告人家有一把弯曲变形的斧子，且被告人曾在案发前将斧子拿到修车厂变造；(3) 多份证人证言证明被告人曾请求同监犯让其顶罪并许诺好处；(4) 看守所民警提交了在被告人关押处发现的案发现场草图，经鉴定系被告人书写； (5) 尸体检验鉴定意见认定本案作案凶器系钝器；(6) 被告人在侦查阶段作了8次供述，后6次均供述其持斧子杀害被害人的经过。在本案中，被告人、被害人的身份已经明确，所以证明关键在于“被告人是否以及如何实施了杀人行为”。由于侦查机关的讯问录像和相关资料显示，被告人在审讯时脸上有伤痕，且讯问期间意图吞腰带卡子自杀，因此不排除侦查机关存在刑讯逼供行为的可能，证据 (6) 不能作为认定案件事实的根据。此时，证明逻辑的“并联模式”失去了建构的基础。证据 (1) (2) (5) 均意图证明被告人与案发现场存在关联。这是两条类似“串联模式”的证明逻辑，我们分别来看。其一，证据 (1) 的使用价值在于证明被告人曾经去过案发现场购买橙子——这增加了被告人行凶的可能性。不过，虽然袋子上有被告人的指印，但侦查机关并没有对橙子是否来自案发水果店作出鉴定，因此只能证明被告人曾经拎过这袋橙子，却不能证明这袋橙子来自案发现场。所以，缺少对橙子的鉴定，使得证明被告人与现场有关的“串联模式”证明出现了逻辑上的漏洞。其二，根据证据 (2) (5)，侦查人员认为被告人家中的斧子是作案工具且被告人变造斧子就是为了实施杀人行为。但是首先，斧子属于“钝器”而“钝器”不一定是斧子；其次，被视为作案工具的斧子并未找到，无法确定其就是作案工具；最后，被告人变造斧子的行为与杀人行为并没有必然联系。如果案件中找到了斧子，且在斧子上检测到被告人、被害人的生物痕迹以确认其就是作案工具，那么该证明逻辑将

---

① 参见吉林省高级人民法院（2015）吉刑三终字第13号刑事裁定书。

是：变造斧子—斧子—行凶杀人—钝器伤，它必然能锁定被告人系作案人。可是由于本案中作为关键证物的作案工具缺失，该证明逻辑就出现了断裂。而证据（3）（4）并非将凶手直接指向被告人的证据，只是不能排除被告人系作案人的嫌疑，同样也不能认定。因此，全案既不能形成“串联模式”的证明逻辑，也无法形成“并联模式”的证明逻辑，更不用说“协同模式”了。所有证据只能增加被告人作案的可能性，却无一能将被告人与案件发生联系在一起，杀人行为的手段、方式等关键环节的证明十分薄弱，最终不能认定被告人系作案人。

当然，不同案件中证明逻辑出现漏洞的位置不同，有的在待证事实的证明逻辑上就已经出现了漏洞，有的是在全案事实的证明逻辑上出现了漏洞，但只有全案证据难以形成完整的证明逻辑时，证据短缺才会影响事实认定。综上所述，证据短缺现象的特点一方面集中在“证据”上，即言词证据和实物证据在短缺中的表现往往不同，另一方面集中在“证明”上，即短缺往往发生在待证事实关键点的证明上，而且难以形成完整的证明逻辑。

第二章

证据短缺的历史考察

虽然在本书之前，证据短缺的学理研究尚未形成体系，但是人们对证据短缺的认识却从未缺位。或者说，自从需要对某件历史事实作出判断以来，人们对于“证据”就是极度渴求的。然而事实总是如此，人不可能两次踏入同一条河流，历史事实发生后遗留下来的证据只能是“镜子的碎片”，其影像不完整也不清晰。从某种意义上说，对证据的“渴求”，使得司法裁判的过程始终处于对证据短缺的“恐慌”之中。这种“恐慌”激励着人们在做出判决之前通过各种方式发现证据、收集证据，使更多证据能够为裁判所用；这种“恐慌”也使证据制度的设置越来越适应证明中证据短缺的状态。从古至今，无论是证据制度的沿革还是证据法思想的发展，都与证据短缺有着千丝万缕的联系。

一　证据短缺与证据制度的沿革

（一）从神明裁判到法官裁判

所谓神明裁判，是指司法人员用一定形式邀请神灵帮助裁断案情的审判方法。神明裁判包括“神誓法”和“神判法”两种。前者通过当事人宣誓来证明案件事实，后者则通过让当事人接受肉体折磨或考验的方式来证明案件事实。[①]“神誓法”需要纠纷当事人向神灵宣誓，来证明其所提出的事实或主张是真实的。有时当事人会邀请证人同时宣誓，以证

① 参见何家弘、刘品新《证据法学》，法律出版社 2019 年版，第 2 页。

明自己的品行或者证明自己所说为真，这又被称为“助誓法”。做出宣誓的当事人既可以是原告方，也可以是被告方。例如，《莱茵河畔法兰克部族法》就规定了消极证言的使用方式。多数情况下，被告方只要与证人一同立誓，说他没有做过人们所控告的罪行，就可以否定原告所提出的事实。[①] 这里的证人并非现代证据法意义上的“证人”，因为他们并不一定是了解案件真实情况的人。相反，他们很可能并不知晓真实情况，而只是为被告方提供陈述真实性担保的人，因此称其为“保证人”更为恰当。在“神判法”中，裁判官会让原被告一方或者双方同时接受考验，前者如水审、火审、热铁审等，后者如决斗法、“面包奶酪”法等。不同国家或地区对接受考验一方的规定不同，裁判标准也存在很大差异。

神明裁判是人类社会发展早期的裁判模式，它的存在是与当时经济社会发展状况相匹配的。在当时，无论是刑事案件还是民事案件，均以弹劾的方式开启诉讼；裁判者并非实质意义上的“裁判者”，而只是裁判程序的主持者。与裁判者相比，至高无上的“神灵”更有权威性，因此，听从神明的旨意是人们的共识，神意也被当作确定当事人陈述真伪的依据和标准。其实，除却对神明的崇拜和信仰，因科学文化落后、生产力低下而导致的证据短缺也是神明裁判广泛适用的原因之一。正如美国学者霍贝尔所言，当没有充分确凿的证据能够查明案件事实、纠纷解决时，“超自然力”就成为一种判决的方式和执行手段。[②] 例如，古印度的《摩奴法典》中规定，如果法官依证言和物证不能确认案件事实，就可以用“神明裁判”来审查证据和证明案件事实。[③] 可见，“神判的功能主要是在穷尽其他证明方法无法证明案件事实、法官对事实存在与否不能达到

---

① 徐凤侠、林嘉志：《试论神示证据制度》，《绥化学院学报》2006 年第 2 期，第 2 页。

② “这种超自然力还作为一种法律程序的救济手段，渗入到法律的习惯之中。应该指明，它不是作为实体法规则的渊源，而是当人们没有确凿的证据以查明案件事实的情况下，作为一种判决的方式和执行手段。求助于它的方法是立誓、占卜和神判”。[美] E. A. 霍贝尔：《初民的法律——法的动态比较研究》，周勇译，中国社会科学出版社 1993 年版，第 71 页。转引自李蓉《科学技术与证据裁判：一种历史进路的研究》，《湖南大学学报》（社会科学版）2013 年第 5 期，第 140—141 页。

③ 参见何家弘、刘品新《证据法学》，法律出版社 2019 年版，第 3 页。

确信状态时，作为最后的救济手段”[①]。概言之，神明裁判是人类社会早期，证据短缺的客观因素与神灵崇拜的主观因素共同作用的结果。社会发展的低阶性使证据获取方式极度受限，裁判者能够接触到的“证据”只有原被告双方的陈述。即使是助誓法中的“保证人”，也仅能够帮助证明当事人所说真伪，而不是对案件事实的证明。此时，事实真相难以辨别，案件真伪不明，人们只能通过一定方式请求神明“示下”。其实，当时的人们并没有意识到证据短缺，他们只知道自己无法判断当事人陈述的真假，同时笃信“上帝知道”。但不可否认，以神意作为判断依据的前提是证据短缺和事实真伪不明。随着社会的发展，生产力水平的提高，证据获取方式逐渐增多并愈加规范，裁判方式便由神明裁判转向证据裁判，即从“神裁”到“人裁”。

从神明裁判到证据裁判，裁判权从神回归到人本身，而人作出判断的依据是原被告双方提交或者裁判者调查得来的证据。如上所述，神明裁判将游离于事实之外的因素作为事实裁判的依据，是一种非理性的裁判方法，而证据裁判却是一种理性的裁判方法。证据裁判之所以能够取代神明裁判，一方面可归因于宗教影响的式微，人们思想的进步，愚昧落后的神示思想逐渐为人的本位思想所取代，另一方面则可归因于人们认识能力的提高使更多的“证据”被发现和进入诉讼程序，成为当事人主张事实的依据。可以说，证据裁判是社会发展的必然结果，具言之，证据数量的增多使诉讼证明摆脱了神明裁判，而转向依靠证据重构事实。目前，各个国家虽未明确规定证据裁判主义（我国有明确规定），但是依靠证据认定案件事实早已成为共识。证据裁判主义确立后，不同国家逐渐分化出纠问式和抗辩式两种诉讼模式。在纠问式诉讼中，裁判者有权就争议事实进行调查，收集相关证据；而在抗辩式诉讼中，裁判者处于消极中立的状态，案件中的证据来源于当事人双方的提交。不过，无论哪种诉讼模式，裁判者认定案件事实都是以证据为前提的。如果证据存

---

① ［英］罗伯特·巴特莱特：《中世纪神判》，徐昕、喻中胜、徐昀译，浙江人民出版社2007年版，第2页。转引自元轶《证据制度循环演进视角下大数据证据的程序规制——以神示证据为切入》，《政法论坛》2021年第3期，第134页。

在短缺，案件事实将处于模糊状态，导致裁判者无法作出判断，提出事实主张的一方当事人也就应该承担证明不力的后果。反之亦然。

（二）从法定证据到自由心证

在证据裁判主义下，存在法定证明和自由证明两种证明方式。而法定证据制度是16世纪大陆法系法定证明发展的极端，它是指证据的证明力已由法律所明文规定，裁判者对纠纷不享有自由判断的权力，只能机械地适用法律规定。法定证据制度的特征表现在三个方面。第一，构成一个完整的证明是认定事实的标准，如两份内容可靠的证人证言可以构成一个完整的证明，应当作出有罪判断并科以刑罚，而一份证人证言无论多么真实，都只是半个证据，不能据以作出裁判。第二，法律事先对不同形式、不同种类证据的可采性和证明力作出了明确规定，如依照证明力强弱将证据分为确实的证据、半证据和不完整的证据三类。第三，法律设立了一套证明力相加减的固定法则。例如，若证据的证明力受到质疑，法官可将其酌情降低为1/4个、1/2个、3/4个证据，然后再通过叠加，构成“1”个完整的证明。[①] 诚然，法定证据制度是对经验法则的归纳和提炼，在一定程度上约束了裁判者的自由裁量权，有利于防止主观臆断，但是它却不可避免地造成了证明的僵化，使裁判者成为数学计算的机器，而且过高的证明标准在当时侦查手段落后的情况下难以达到，导致了刑讯逼供的泛滥。

法定证据制度是社会发展到特定时期的产物。在当时的欧洲大陆，神明裁判日渐衰落，侦查手段仍不发达，人们能够搜集到的证据以人证居多，司法证明也以人证为主，证人证言是最常见、最常用，也是最重要的证据形式。[②] 与之相反，书证等其他证据在刑事诉讼中的运用却相对有限。所以，法官进行证据审查的主要内容是证人证言的真实可靠性和证明价值。显然，判断证人证言的真实性和证明价值相较于其他证据形

---

① 参见何家弘《对法定证据制度的再认识与证据采信标准的规范化》，《中国法学》2005年第3期，第147页。

② 参见何家弘《对法定证据制度的再认识与证据采信标准的规范化》，《中国法学》2005年第3期，第146页。

式往往更加容易。例如，受到质疑的证人证言证明力下降，目击证人的证言比其他证人的证言证明力更强等。这些合情合理的规律以法律的形式固定下来，并以数字的方式加以展现，构成了法定证据制度的主要内容。相比之下，如何将书证的证明力进行分层显得较为困难，而且由于书证的适用范围较小，所以法律只是简单规定了书证的证明力大于证人证言，即“文书优于证言”。可以说，诉讼中证人证言的广泛使用为法定证据制度的构建提供了可能。换言之，证据种类的单一性是法定证据制度的前提。证明模式的发展方向也印证了这一点：当证据种类越来越多，书证等其他形式的证据更多地进入诉讼为裁判者所使用，法定证据制度便逐渐退出了历史舞台，取而代之的是自由心证——因为对书证等其他形式证据证明力的评价只能依靠裁判者的自由判断，而难以通过法定的方式预先设定。不仅如此，在物证能够被有效发现、提取和固定之后，法定证据制度中区别证据价值高低的标准也失去了意义：间接证据的证明力不一定比直接证据的证明力弱，多个证人证言也不一定比单个证人证言更可靠。因此，证据的证明力应该由裁判者根据具体案件进行具体分析，而不应该以法律预先设定的方式加以固定，① 否则将会阻碍事实真相的发现。

笔者以为，法定证据制度与自由心证的区别，一方面在于是否对证据的证明力进行了预先设定，另一方面在于法定证据制度以证明力判断取代了证据资格的判断，而自由心证则是将证据资格的判断与证明力的判断严格加以区分。在法定证据制度中，既没有法律对何种证据可以进入法庭、何种证据不能进入法庭作出规定，裁判者也无权干涉。唯一发挥作用的只是法律对证明力的预先设定，裁判者只需知道证据证明力大小，然后计算是否能够构成完整的证明即可。显然，法定证据制度将对证据资格和证明力的判断混淆在一起，使那些可能不具有证据资格的证据也会进入法庭。而自由心证模式下，裁判者既需要审查证据是否具有资格，也需要审查证据的证明价值；不具有证据资格的证据不能进入法

---

① 王亚新：《刑事诉讼中发现案件真相与抑制主观随意性的问题——关于自由心证原则历史和现状的比较法研究》，《比较法研究》1993 年第 2 期，第 122 页。

庭，也就失去了证明力判断的机会。当然，裁判者的自由判断并不是任意的。例如，在英美法系国家，证据法对证据的可采性规定了一系列的证据规则；而大陆法系国家则是规定了严格的证据调查程序，未经法定程序调查的证据不得作为定案的依据。[①] 可见，与法定证据制度相比，自由心证对证据质量的要求上升了。当然，强调为裁判者心证所判断的证据必须具有可采性（证据能力），与法定证据制度不同，因为从根本上看，裁判者对证据能够证明多少案件事实、能够证明到何种程度仍然享有自由判断的权力，事实认定也是在心证基础上作出的。因此，那些对证据可采性（证据能力）的限制实际上提高了作为定案证据的质量。如果说法定证据制度是证据种类短缺下的产物，那么自由心证则为避免证据短缺对案件事实认定的影响设立了障碍。

综上所述，在司法证明的发展进程中，人们对证据的运用经历了从“不依靠证据”到“依靠证据”的转变，证明模式也经历了从“神示证明”到“法定证明”再到“自由证明”的转变。而在这些转变过程中，证据短缺始终发挥作用：当证据短缺导致事实模糊时，裁判者会求助神灵作出判断；实物证据的短缺使法定证据制度的构建成为可能；自由心证提高了对证据质量的要求，在一定程度上避免了证据短缺对案件事实的不利影响。因此可以说，证据短缺是推动证据制度、司法证明不断前进、不断完善的力量之一。

二 证据短缺与中国古代证据制度

我国古代也曾经历神示证据制度的阶段，如《论衡》记载，“皋陶治狱，其罪疑者，令羊触之，有罪则触，无罪则不触”[②]；《周礼·秋官·司盟》记载，“有狱讼者，则使盟诅”。这些都是以神明的旨意判断事实的方式。但是，神示证据制度在我国存在的时间较短，封建制度建立以后，

---

① 参见宋强《我国刑事证据规则体系构建研究》，法律出版社2007年版，第33页。

② 转引自陈永生《法律事实与客观事实的契合与背离——对证据制度史另一视觉的解读》，《国家检察官学院学报》2003年第4期，文章第2页。

我国既没有像大陆法系国家那样走上法定证据制度的道路，也没有实行以陪审制为核心的当事人主义诉讼模式，而是偏向自由心证，采用纠问式诉讼，司法官根据调查得来的证据依心证判断案件事实。我国古代始终重视对证据的收集和使用。明朝人佚名在《居官必要为政便览》中说“人命事，若无的证，必为疑狱”。“的证”即确凿的证据。意思是说，在人命案中只有依据确凿的证据才能确定真凶，否则就可能产生错案。[①] 然而，由于生产力水平低下、取证能力不足，许多案件中仍存在证据短缺的情况。而为了应对证据短缺，我国古代设置了一系列富有本土特色的证据制度。例如，古代长期奉行的“口供中心主义”正是在客观证据短缺的条件下形成的；在某些缺少罪犯口供的案件中，司法人员会遵循“众证定罪”或“据状断之”的原则裁决案件；为保证证据的质量，司法官会采用“五听”等方法对证据的真实性予以判断。事实上，对证据的“渴求”贯穿于古代司法的全过程，随着证据种类、形式的不断丰富和证据取得、固定方法的逐渐完善，司法人员对证据的认识、审查能力也随之提高。

（一）无供不定案：客观证据短缺下的选择

虽然我国古代已经出现了当事人陈述、证人证言、物证、书证和勘验报告等多种证据形式，但毋庸置疑，被告人口供在刑事司法中始终居于重要地位。《折狱龟鉴补》有云“罪从供定，犯供最关紧要”，就形象说明了口供是具案下判的必要条件。[②] 自西周时期起，司法官就注重收集和审查口供，并将其作为主要定案依据。如《尚书·吕刑》中记载“两造具备，师听五辞”；《睡虎地秦墓竹简·封诊式·讯狱》中规定：“凡讯狱，必先尽听其言而书之，各展其辞……”即使在检验技术发达的宋代，也依然重视口供。如《折狱龟鉴补》的《莫轻蒸检》篇记载“故轻拆不

---

① （明）佚名：《居官必要为政便览》，《官箴书集成》第2册，黄山书社1997年版，第57页。转引自郭成伟主编《中国证据制度的传统与近代化》，中国检察出版社2013年版，序言第1页。

② 郭成伟主编：《中国证据制度的传统与近代化》，中国检察出版社2013年版，第31页。

如详检，详检不如速检，速检不如细审”。[①] 到了明清时期，“口供至上”的理念愈加牢固。《大明律》和《大清律例》都有“必据犯人招草以定其罪”的规定。[②] 可以说，在我国古代，口供的作用被强调到无以复加的地步，甚至可以称为“证据之王”。“犯罪必取服输供词”“无供不定案”之所以成为一种传统，正是源于司法人员对口供的极度重视和渴求。

诚然，这种对口供的重视很大程度上可归因于我国的传统法律理念，[③] 但除此之外，客观证据的稀缺也是导致重口供的原因之一。一方面，古代生产力水平较低，发现证据、认识证据的能力不足，最方便获取的就是“两造之辞”。另一方面，古代司法行政不分，官府人员不仅掌管着司法事务，还要兼顾行政事务。而且，单就司法事务来讲，他们既要负责收集证据，还要负责裁判案件。此外，古代为了保证农业生产的正常运行，规定只有在特定时间才能“告诉”，再加上审判期限的制约，大量案件无疑让司法裁判任务甚为繁重。一边是没有能力发现和认识，并且没有充分的时间和精力去大量搜证、仔细求证，[④] 另一边是相对了解事实的案件亲历者能够提供必要的信息，权衡之下，口供取胜。

前述窦娥冤案正是在客观证据短缺下，单纯依靠口供推理而作出错误判决的结果。戏曲中，能够作为证据使用的只有窦娥和张驴儿各自的证词，因此在缺少证据的情况下，裁判者所需要判断的是谁的言词更可信？如果单从双方陈述上看，张驴儿的证词更符合“一般人之通达事理者”的逻辑判断，而窦娥为保护婆婆才承认有罪的“利他主义”却不符合一般人的价值选择。可见，在当时的社会技术水平下，任何司法人员

---

① 陈重业主编：《折狱龟鉴补译注》，北京大学出版社 2005 年版，第 838 页。转引自郭成伟主编《中国证据制度的传统与近代化》，中国检察出版社 2013 年版，第 145 页。

② 郭成伟主编：《中国证据制度的传统与近代化》，中国检察出版社 2013 年版，第 55 页。

③ 一是认为犯罪者皆为“恶徒”，免不了为自己脱罪，因此坚信“捶楚可得口供”。二是当事人系对案件情况了解最多、最清晰透彻的人，口供的证明力最大。三是经义思想深厚，提倡“经义决狱”，即司法裁决要追求伦理秩序，裁判时讲求“论心定罪”，因此如果没有口供，就难以准确判断犯罪者的心理动机。参见闫召华《口供何以中心——“罪从供定”传统及其文化解读》，《法制与社会发展》2011 年第 5 期，第 105—106 页。

④ 郑牧民、易海辉：《论中国古代证据制度的基本特点》，《湖南科技大学学报》（社会科学版）2007 年第 2 期，第 83 页。

面对窦娥案中仅有对立双方陈述的情况，都很难作出正确的裁判。而如果本案有更多的证人证言、更多的物证，这起冤案或许就不会发生。[①] 所以说，对口供的过分依赖以及因此导致的冤错案件，都可以在一定程度上归因于客观证据的短缺。

（二）依法刑讯和诈谲之术：破解言词证据短缺的方式

如前所述，由于客观证据的短缺，司法官对言词证据，尤其是口供，十分重视。而为了获取这些言词证据，我国古代运用了许多当今被认为是“非法”的取证方式，其中最为突出的就是刑讯。有学者称，“我国古代口供制度的变迁史实际上就是一部刑讯的发展史”[②]。虽然历代都有废除刑讯的呼吁或观点，如汉代路温舒有言：“棰楚之下，何求而不得?”但刑讯始终未被彻底废除。

秦代已经形成了粗具规模的刑讯制度，并允许一定条件下的刑讯：“诘之极而数言也，更言不服，其律当笞掠者，乃笞掠。”意思是说，被告人无法回答诘问，仍然多次欺骗，还改变口供而拒不认罪的，可以刑讯。[③] 至唐代，法律在允许刑讯的同时，还对司法官应该如何刑讯进行了明确规定，甚至还要惩罚不依法刑讯的司法官。如《唐律疏议·断狱律》规定：“诸应讯囚者，必先以情，审察辞理，反复参验，犹未能决，事须讯问者，立案同判，然后拷讯。违者，杖六十。”[④] 与此同时，刑讯也是获取被害人陈述、证人证言甚至物证的重要手段。《唐律疏议》亦规定，当被告人“拷满不承”时，可以“反拷证人。”[⑤] 明清时期依然重视刑

---

① 参见苏力《窦娥的悲剧——传统司法中的证据问题》，《中国社会科学》2005 年第 2 期。苏力教授在该文中从证据角度对窦娥一案进行了分析，肯定了司法进程中证据短缺现象的存在，并强调了现代科学技术手段在当代司法中的重要性。

② 闫召华：《口供何以中心——“罪从供定”传统及其文化解读》，《法制与社会发展》2011 年第 5 期，第 99 页。

③ 郭成伟主编：《中国证据制度的传统与近代化》，中国检察出版社 2013 年版，第 15 页。

④ 《唐律疏议》，中华书局 1983 年版，第 552 页。转引自郭成伟主编《中国证据制度的传统与近代化》，中国检察出版社 2013 年版，第 51 页。

⑤ 《唐律疏议》，中华书局 1983 年版，第 552—554 页。转引自郭成伟主编《中国证据制度的传统与近代化》，中国检察出版社 2013 年版，第 51 页。

讯，甚至在已有其他证据的情况下，也要通过刑讯获得被告人口供。如《大明律》规定："……事须鞫问，及罪人赃仗证佐明白，不服招承，明立文案，依法拷讯，邂逅致死者，勿论。"①

毋庸置疑，刑讯是获得口供等证据的最便捷、最有效的方式。也正因如此，为避免滥用刑讯，法律对刑讯进行了严格限制。这种限制包括三个方面，一是刑讯往往被作为最后手段被使用。如秦律曾规定："治狱，能以书从迹其言，毋笞掠而得人情为上，笞掠为下，有恐为败。"②二是法律对刑讯的程序、方式等进行了严格限制。如《唐律疏议》明确规定了刑讯的总额与次数，即"诸拷囚不得过三度，数总不得过二百，杖罪以下不得过所犯之数。拷满不承，取保放人"。③ 另外，唐代还规定了刑讯工具的具体规格和犯人的受刑部位。据《旧唐书·刑法志》记载，唐代的刑杖"皆削去节目，长三尺五寸。讯囚杖，大头径三分二厘，小头径二分二厘"，"（其）决杖者，背腿臀分受，及须等数，拷讯者亦同"。④ 三是对某些特殊人群不适用刑讯。如《大明律》规定："凡八议之人，及年七十以上，十五以下，若废疾者，并不合拷讯，皆据众证定罪。"⑤

除刑讯外，司法官还会使用"诈谲之术"来获取言词证据。如《折狱龟鉴》卷一"释冤·庄遵"就记载了这样一起案件。庄遵在担任扬州刺史时，遇到一陵阳女子与他人杀害丈夫，反诬告夫弟。庄遵假装相信，释放该女子，却派人在其住处监视，入夜后"奸者果来"且二人"相与大喜"，被逮个正着，于是"吏即擒之送狱，叔遂获免"。⑥ 可见，所谓

① 怀效锋点校：《大明律》，法律出版社 1999 年版，第 212 页。转引自郭成伟主编《中国证据制度的传统与近代化》，中国检察出版社 2013 年版，第 185 页。

② 《睡虎地秦墓竹简·封诊式·讯狱》简 2—4，文物出版社 1978 年版。转引自郭成伟主编《中国证据制度的传统与近代化》，中国检察出版社 2013 年版，序言第 2 页。

③ 《唐律疏议》，中华书局 1983 年版，第 552—554 页。转引自郭成伟主编《中国证据制度的传统与近代化》，中国检察出版社 2013 年版，第 51 页。

④ 《旧唐书》卷 50《刑法志》。转引自郭成伟主编《中国证据制度的传统与近代化》，中国检察出版社 2013 年版，第 51 页。

⑤ 怀效锋点校：《大明律》，法律出版社 1999 年版，第 215 页。转引自郭成伟主编《中国证据制度的传统与近代化》，中国检察出版社 2013 年版，第 186 页。

⑥ 杨奉琨校释：《疑狱集·折狱龟鉴校释》，复旦大学出版社 1988 年版。转引自郭成伟主编《中国证据制度的传统与近代化》，中国检察出版社 2013 年版，第 9 页。

“诈谲之术”就是通过设置陷阱，引人上钩的方式，令作案者露出马脚，从而发现、固定证据。这种“诈谲”与现代司法理论中的“诱供”“骗供”颇为相似，虽然它在现代被认为是非法取证方式，可在古代不仅完全合法，还是司法官智慧的体现。

（三）众证定罪和据状断之：口供短缺下的裁判原则

虽然古代司法制度一直将口供奉为圭臬，但裁判者却不得不面临没有口供的困境，进行“无供定罪”。“据众证定罪”和“据状断之”作为“据口供定案”的补充裁判原则，便应运而生。

“据众证定罪”是指在涉案当事人身份特殊，不适合拷讯时，需要依据三人以上的证言作出判断。唐律规定：“三人以上明证其事，始合定罪。”疏议曰：称“众”者，三人以上，明证其事，始合定罪。[①]《宋刑统》卷二十九《不合拷讯者据众证为定》也是同样的规定。明清律还将该规定适用于犯罪在逃的人，规定“若犯罪事发而在逃者，众证明白，即同狱成，不须对问”。[②] 虽然“据众证定罪”的原则最初是为了保护特定人的利益，避免不合理的拷讯，但从证据裁判的角度看，这是口供短缺情况下裁判方式的一种妥协。“据众证定罪”并非不重视口供，而是在无法获得口供时寻求的定案途径。而且与口供裁判相比，它十分强调“明证其事”，即事实已由证据证明清楚。这说明司法官在“据众证定罪”时比在依口供定案时更加慎重。可见，在古代司法官员的心目中，口供具有最强大的证明力，即使口供是孤证，也不妨碍定罪。但在没有口供的情况下，需要有“众证”即三人以上的证言，且“明证其事”方可定罪。笔者以为，这一方面说明古代司法对于证人证言真实性的不信任，另一方面也说明彼时人们已经对证据的数量和虚实（质量）问题有了警惕意识。《唐律疏议·断狱律》将众证所致疑案分为四种情况。一是“虚实之证等”，“谓八品以下及庶人，一人证虚，一人证实，二人以上虚实

① 祖伟：《中国古代“据众证定罪”证据规则论》，《当代法学》2012 年第 1 期，第 74 页。

② 转引自闫召华《口供何以中心——“罪从供定”传统及其文化解读》，《法制与社会发展》2011 年第 5 期，第 99 页。

之证其数各等；或七品以上，各据众证定罪，亦各虚实之数等”。二是“是非之理均”，“谓有是处，亦有非处，其理各均。”三是“事涉疑似”，“谓赃状涉于疑似，傍无证见之人；或傍有闻见之人，其事全非疑似”。四是其他表现，“称‘之类’者，或行迹是，状验非；或闻证同，情理异。疑状既广，不可备论，故云‘之类’”。[①] 可见在当时，司法人员“证据数量或质量（证据短缺）可致疑案”的思想已经形成。

“据状断之”是指在案件中根据物证、勘验检查记录等证据查明案件事实，定罪裁决。《唐律疏议》规定：“若赃状露验，理不可疑，虽不承引，即据状断之。”[②]《宋刑统》卷二十九沿用了该规定。这里的“赃”指计赃为罪者获得真赃（如盗赃），“状”指杀人者获得实状（如犯罪工具等）。[③]“赃状露验”的意思是实物证据真实可靠，能够证明案件事实。换言之，如果能够通过物证查清真实情况，那么裁判者完全可以根据物证作出判断，而不一定非要取得口供。虽然刑事勘验技术的不断发展为裁判者能够据“赃”、据“状”定罪提供了可能，但“据状断之”在古代始终是作为“口供定案”裁判原则的补充而存在的，因此也可以看作是口供短缺下的司法应对。当然，“据状断之”有着严格的适用范围，在“口供中心主义”思想下，缺少供词本就会使司法人员缺少定罪的底气，因而只有在“赃”“状”极为完备，案件确定无疑的情况下，裁判者才会据“状”定罪。

（四）“五听”和“术审”：以主观情理判断证据是否短缺

我国古代司法官在审查证据、认定事实时多采用主观主义的方法。郑克有言：“尝云说‘推事有两：一察情，一据证’。固当兼用也。”[④]

---

① 宋志军：《唐代律令与司法史料之证据规则掇英》，《国家检察官学院学报》2010 年第 6 期，第 26 页。

② 刘俊文点校：《唐律疏议》，法律出版社 1999 年版，第 592 页。转引自祖伟《中国古代证据制度及其理据研究》，博士学位论文，吉林大学，2009 年，第 87 页。

③ 曾宪义主编：《中国法制史》，北京大学出版社、高等教育出版社 2009 年版，第 182 页。

④ 转引自郑牧民《中国传统证据文化研究》，博士学位论文，湘潭大学，2010 年，第 88 页。

“察情”就是要发挥司法官的主观能动性，依靠情理断案。例如，《唐律疏议·断狱律》中的“理不可疑”即是对“察情”的要求，“赃状露验”即是对“据证”的要求。这种主观主义的方法在司法裁判中具体表现为：注重通过察言观色、情理推断的方式审查证据的真实性，甚至在疑案中做出裁判。

虽然古代证据短缺主要体现在数量上，但是证据质量不足的问题在诉讼中始终存在，所以如何审查判断证据，尤其是言词证据的真实性是证据制度设计的重点。《尚书·吕刑》中记载“两造具备，师听五辞”，即通过五听来判断原被告双方陈述的真假。① 《周礼·秋官·朝士》记载“以五声听讼狱，求民情”以及“凡属责者，以其地傅而听其辞”②。可见在西周时期，“五听”就已经成为判断言词证据，尤其是被告人口供真假的方式。《唐六典》中规定“凡察狱之官，先备五听，一曰辞听，二曰色听，三曰气听，四曰耳听，五曰目听”。③ 换言之，要对作出供述的被告人进行“察言观色”。如果考察被告人口供后仍不能判断其内容的真假和事实真相，再通过刑讯的方式获得口供，即“先备五听，又验诸证信，事状疑似，犹不首实，然后拷掠”。④ 可见，“五听”是审查判断言词证据（包括被告人口供）是否真实的重要方法。值得一提的是，虽然古代法律并没有对如何判断证人证言的真实性加以规定，但实践中“五听”同样能够适用于证人证言。在清代民事诉讼中，证人必须出庭作证，接受个别询问或对质。如果证人存在法定的免予出庭的理由，则其可以不出庭，但是法庭不得采信其证言。⑤ 这是对直接言词原则的贯彻落实。

所谓“术审”，是指“或引而亲之以观其情，或疏而远之以观其忽，

① 转引自郭成伟主编《中国证据制度的传统与近代化》，中国检察出版社 2013 年版，第 86 页。

② 转引自栾时春《宋代证据制度研究》，博士学位论文，华东政法大学，2013 年，第 131 页。

③ （唐）李林甫等撰：《唐六典》，陈仲夫点校，中华书局 1992 年版，第 190 页。

④ 转引自郭成伟主编《中国证据制度的传统与近代化》，中国检察出版社 2013 年版，第 51 页。

⑤ 蒋铁初：《原则与例外——清代民事证据制度的表达与实践》，《现代法学》2007 年第 6 期，第 151 页。

或急而取之以观其态，或参而错之以观其变。醉之以酒，以观其真；托之侦探，以观其实；要之于神，以观其状”。也就是运用生活常识和经验以及逻辑推理对证据内容进行审查判断的方法。[①] 若证据内容不符合一般常识或者逻辑，则该证据内容为假；若证据内容符合一般常识或者逻辑，则该证据内容为真。宋代有文称：“盖赃或非真，证或非实，唯以情理察之，然后不致枉滥。”[②] 可见用情理对证据内容进行审查是判断证据真假的方式之一。与此同时，“术审”规则还可以用于对疑案的判断中，作为“证据短缺”的司法应对。清代民事诉讼中规定的“情证兼用原则”就是一种体现：如果当事人的主张都没有证据证实，那么裁判者可以依照情理对事实进行认定，换言之，哪一方的主张更合情理，就支持哪一方的主张。[③] 显然，无论是“五听”还是“术审”，都是司法官凭借主观心证判断证据是否短缺的方法。不过，虽然多数情况下这些方法十分有效，但也不可避免会产生错误。因为他们具有浓厚的主观主义色彩，而不同的人察言观色的能力、对情理与事理的理解并不相同。甚至，许多案情或者人的行为也不总是合乎情理。[④] 诚如窦娥案中，窦娥为保护婆婆才承认有罪的“利他主义”的确不太符合一般人的价值选择，因此这些方法在古代并不独用。总而言之，无论是在立法中，还是在实践中，古代司法都对证据真实性给予了极大重视，这说明那时人们已经意识到证据可能出现短缺的状态，可能会对发现真实产生影响。

（五）“厌讼”文化与证据短缺

“厌讼”文化深深植根于我国的法律传统中。对此，学者们往往从中国人“和为贵”的理念、秩序至上的价值选择等角度进行论述和探讨。

---

① 参见宋志军《唐代律令与司法史料之证据规则掇英》，《国家检察官学院学报》2010 年第 6 期，第 27 页。

② 转引自郑牧民《中国传统证据文化研究》，博士学位论文，湘潭大学，2010 年，第 88 页。

③ 参见蒋铁初《原则与例外——清代民事证据制度的表达与实践》，《现代法学》2007 年第 6 期，第 148—149 页。

④ 参见郑牧民《中国传统证据文化研究》，博士学位论文，湘潭大学，2010 年，第 142 页。

梁漱溟先生认为，中国人所认可的普世最高价值可以概括为“和谐”。[①]这是我国传统文化和哲学价值长期浸染的结果。如果从诉讼本身、从证据的角度来看，由于诉讼的繁杂、证据取得的不易，所以不到万不得已，百姓不会选择通过诉讼程序解决纠纷，而是更愿意通过调解等方式进行“私了”，这样既维护了社会和谐，又能免去不必要的麻烦。可见，“厌讼”思想的形成，在某种程度上也是客观条件作用的结果。缺乏足够准确、有效的发现和搜集证据的手段，使得可用证据数量稀缺，在一定程度上迫使人们远离了诉讼，潜在地促进了“厌讼”文化的发展。[②]

事实上，这种“厌讼”文化与证据短缺的客观情况往往是相互作用的。不仅短缺促进了“厌讼”文化的形成，而且正是由于“厌讼”思想的存在，急于维护社会秩序、实现社会稳定的司法官员们对裁判的“确定性结果”更为期盼，也使得他们更容易忽视正义、人权等其他价值。一方面，即使面临证据短缺，司法官也要作出裁判，所以才会出现口供的“孤证即可定案”；另一方面，为获取口供，刑讯变得合理化、合法化，捶楚之下口供的真实可靠性被罔顾，又会造成新的短缺。可见，虽然证据短缺鲜少在诉讼理论中被提及，但其与证据文化、证据制度的发展却是密不可分的。

三　证据短缺与证据规则理论发展

虽然证据短缺的学理讨论较少，但对证据的相关性、可采性的讨论却从未停止。众所周知，对证据的认识始终是围绕“认识案件事实”进行的，因此，什么样的证据能够进入诉讼、多少证据能够有助于事实认定都是值得讨论的对象——这也正是证据规则的目的所在。其实从西方证据规则理论发展过程来看，证据规则围绕的中心就是怎样追求证据的完整性、如何尽可能地避免证据短缺。以下选取的吉尔伯特、戴尔·南

---

① 原文为：“中国人所憧憬的合理的人世生活与人间秩序的最高价值，一言以蔽之，曰‘和谐’。”参见许章润《说法·活法·立法》，中国法制出版社2000年版，第19页。

② 参见苏力《窦娥的悲剧——传统司法中的证据问题》，《中国社会科学》2005年第2期，第107页。

希、边沁、威格摩尔等著名证据法学家的相关理论，就显示了从限制证据质量的证据规则理念到同时限制证据数量和质量的证据规则理念，再到为保证证据数量而抛弃证据规则的理念，最后到证据规则前置并以预防性规则替代惩罚性规则的理念这一发展过程。

（一）吉尔伯特：最佳证据规则与证言证明力规则

吉尔伯特的证据法思想是证据法学的启蒙，其在《证据法》一书中的论述被总结为一条证明规则，即最佳证据规则。他指出，证据法的主要功能在于获得最佳的、能够得到的证据。[①] 这一观点深深影响了之后的证据法学研究者。其实最佳证据规则的提出，就是应对证据短缺的措施之一。在当时的诉讼模式下，法庭处于从纠问制转向对抗制的变化中，证人证言不够发达，律师作用受限，裁判者能够依靠的证据只能是大量的文书。[②] 规范和限制文书证明力的最佳证据规则由此产生。在最佳证据规则下，诉讼当事人应当提供文书原件，否则不得作为定案根据。这一规则是对文书证据质量的规制，避免那些不具有真实性的非原始文书进入法庭，对裁判者认定事实产生误导。

当然，吉尔伯特的证据法思想并非仅限于最佳证据规则，其对证人证言证明作用的研究也较为深入。他认为，如果完全排除那些非最佳证据或者对证据的采用附加多种限制，那么法官所能得到的信息就有可能不完整，甚至会缺少关键性证据，对此，其提出应该以证人宣誓的形式确保证言的可信度。他还将证人的数量与证言的可靠性关联起来，认为两个宣誓证人的证言证明力要大于一个宣誓证人的证言证明力，而且多个证据的证明力可以累加成为一个完整的证明。[③] 这种证人证言证明力规则与大陆法系国家后来实行的法定证据制度如出一辙，都是通过对证据证明力进行“预估”，而后以数学的方式对证明力进行累加，从而得出

① 李训虎：《美国证据法中的证明力规则》，《比较法研究》2010 年第 4 期，第 83 页。

② 参见吴丹红《证据法学的启蒙——吉尔伯特的证据法思想》，《证据科学》2007 年第 15 卷第 1、2 期，第 120 页。

③ 参见吴丹红《证据法学的启蒙——吉尔伯特的证据法思想》，《证据科学》2007 年第 15 卷第 1、2 期，第 119 页。

"完整的证明"。16 世纪欧洲大陆实行的法定证据制度，也被称为"数量证据制度"，是从罗马法中发展起来的证据制度，它指的是，定罪的必要条件是两个目击证人或被告的口供，而仅凭一个证人的证言无法定罪。[①]笔者以为，吉尔伯特关于证据数量的论述与法定证据制度是相近的。这也意味着，在当时的司法裁判思想中，对证明力的不确信转化成了对证据数量的要求，而这种不确信显然是潜在证据短缺意识的外在表现，只是这种短缺的应对造成了"数学化的误用"。

（二）戴尔·南希：证据数量和质量界定下的最佳证据规则

南希对吉尔伯特最佳证据规则理论进行了完善和延伸，证据法的核心命题就是诉讼各方应当向法庭提交其能够获得的与涉诉争议事实问题有关的最佳证据。其证据法思想对证据短缺相关理论的构建有两点可借鉴之处：一是在何为"最佳"的判断中增加了"合理可得性"这个限制性条件；二是从证据数量和质量两方面对最佳证据进行了界定。[②]

在南希看来，如果将审判看作无成本的环境，那么最佳证据就应当是所有相关的证据。然而，审判并不是无成本的环境，虽然办案人员必须追求发现真实的目标，却无法收集到一切相关的证据。因此，他们只能放弃部分信息的收集，而全力以赴搜集与本案关系最为密切且最有助于事实裁判者正确认定案件的证据。[③] 这正是研究证据短缺问题最初的缘由——正确认识短缺的客观存在，并最大限度去缓解短缺的程度。将最佳证据限定在"合理可得"恰是对证据短缺的理性认识和客观应对。笔者以为，这种"合理可得"与"最佳"相比，实际上扩大了能够进入法庭的文书证据的范围，增加了法庭可用证据的数量。例如，由官方掌握的文书，诉讼当事人在很多情况下无法得到原件，而只能得到复印件，

---

① 李培峰：《法史视野中的英美证据法学及在中国的影响》，《外国法制史研究》2008 年第 00 期，第 288 页。

② 樊传明：《论证据排除规则的激励功能》，《证据科学》2013 年第 1 期，第 96 页。

③ 转引自易延友《证据法的体系与精神——以英美法为特别参照》，北京大学出版社 2010 年版，第 79 页。

此时若机械地适用最佳证据规则，一味强调让当事人提供原件，则很有可能造成裁判的不公。而如果以“合理可得”为标准，只要当事人能够证明原件确实无法取得且复印件与原件无误，该复印件就可以作为定案依据。“合理可得性”标准扩大了法官可采的证据范围，是证据短缺现实下对最佳证据规则的改进。同时，南希还认为，在权衡“采纳相关证据的倾向”与“避免过多消耗成本”两方面之后，司法人员应注重提交证明力较强的证据而放弃仅具有微量证明力的证据，这就产生了一种“替代效果”，即以证据质量代替证据数量。但是南希的理论并没有沿着与吉尔伯特为证明力划定“刻度”相同的方向发展，而是尊重了作为前提的自由证明制度。[①] 笔者并不赞同南希这种以证据质量替代证据数量的理论，因为它容易造成“证据选择”“证据优劣判断”的困境。而且，从证据短缺的角度来看，无论是证明力较强的证据还是证明力较弱的证据，都应当呈上法庭，由裁判者自主判断，而非取消其证据资格。但不可否认，戴尔·南希从数量和质量两个角度考虑证据规则的设置，目的仍是最大程度使数量更多、质量更优的证据进入法庭。

（三）边沁：证据不排除原则

在尽可能地保留相关证据、防止证据短缺的理论构建之路上，边沁走得最远。边沁之前，吉尔伯特的思想已为大部分学者所接受。边沁的证据理论构建可谓是“推倒重来式”，他不仅猛烈批判了“最佳证据规则”，还主张废止所有要式主义的规则，回归“自然体系”的裁判模式，提倡自由证明制度。[②]

与吉尔伯特的理论建立在洛克的经验主义哲学上不同，边沁的证据

---

① 参见樊传明《论证据排除规则的激励功能》，《证据科学》2013 年第 1 期，第 96 页。

② 自由证明即司法裁判就像是圣明的父亲处于家庭的核心来作出裁判，纠纷各方面对面，作出口头证言并接受交叉询问。没有证人——包括当事人本身——和相关证据会被排除，他们也不会遭受主要的讼累、费用和耗时，“纠纷也许是这样的——察看一切所能看到的：倾听每一位可能对该问题有所知晓的人；倾听每一个人，但最需要注意的也是最为重要的是，倾听也许对问题了解最多的那些人——当事人”。转引自［英］威廉·特文宁《证据理论：边沁与威格摩尔》，吴洪淇、杜国栋译，中国人民大学出版社 2015 年版，“代译序”第 7 页。

法思想是以功利主义哲学思想为基础的。因此，不管是自由证明理论，还是反规范论，都紧紧围绕着“发现真实”这一司法目的。边沁认为，法官在做出正确判决之前，应当有机会充分了解各种证据，并自由裁量一切其认为有价值的信息，而非受制于烦琐、复杂的证据规则，因为排除证据将会使审理者缺乏作出判断的依据，容易导致不公正的裁决。因此，他反对所有的证据规则，认为对可信性、证明力和证据数量进行规范的规则都是有害的，相反，应该以自由证明作为证据评价的基准。① 边沁始终认为：“证据是司法公正的基石，排除了证据，就排除了司法公正。”他还在《司法证据原理》一书中对证人和证据之可得性的保障形式、证据的正确性和完整性之保障作出了详尽的论述。② 边沁反复主张，法院应该拓展获得证据的渠道，来让更多的证据进入诉讼，而事实裁判者则需要带着警觉衡量所有信息。③

虽然边沁的反规范主义并没有得到发展，证据排除规则仍然有更加细密的趋势，但边沁的思想却得到了许多学者的赞同，而证据法的演进似乎也印证了边沁的理论——司法证明朝着自由方向前进，证据规则设置了越来越多的例外规定。在笔者看来，虽然边沁并没有明确提出证据短缺的概念，但其理论却透出证据短缺客观存在、应竭力避免证据短缺对司法裁判带来影响的观点。这种法院大门应向一切证据敞开，法官能够采纳的证据“越多越好”的思想尽管有些偏激，忽视了价值选择，却是正确认识证据短缺，对证据短缺进行学理探讨的基础和前提。④

---

① 李训虎：《美国证据法中的证明力规则》，《比较法研究》2010 年第 4 期，第 84—85 页。

② 参见［英］威廉·特文宁《反思证据：开拓性论著》（第二版），吴洪淇等译，中国人民大学出版社 2015 年版，第 45 页。

③ 吴丹红：《证据法的批判与建构——边沁的证据法思想及其启示》，《环球法律评论》2006 年第 6 期，第 712 页。

④ 边沁虽然执着于证据对发现真实的作用，但也并非完全不考虑价值取向，只是他的价值考量仅限于提出这项证据会引起困扰、开支与拖延。参见沈达明编著《英美证据法》，对外经济贸易大学出版社 2015 年版，第 9 页。

（四）威格摩尔：证据排除路径的全新探索

边沁之后，许多证据法学家受其影响，呼吁拒绝众多的证据排除规则，威格摩尔就是其中之一。他虽然认可在某些场合下排除证据是为了发现事实真相，同时也提出应当以严格的可采性规则限制法官在证据资格方面的自由裁量权。在威格摩尔看来，证据排除规则应该分为证明政策规则和外部政策规则，前者以促进真相发现为目的，后者则旨在实现真相发现以外的其他价值。① 与此同时，威格摩尔还主张，可以用惩戒非法收集证据行为的措施，来替代非法证据排除规则。换言之，证据排除规则所代表的价值取向应当体现在诉讼程序中而不是对证据的评价中，前一种方式可以减少排除证据的数量，而后一种方式无疑耗费了司法资源，是不划算的。② 在他看来，对非法证据进行排除只是减少诉讼过程产生非法证据的众多方法之一，而单纯的排除更像是“杀敌一万，自损八千”的零和博弈。③ 因为非法证据排除规则可能会影响到实体真实的证明与实体争议的查明，而对程序性违法的救济应该另寻他径。④

实际上，证据排除规则的设置本就是在发现真实和价值选择之间进行的衡量。如果要达到“发现真实”的目的，就应当如边沁所言，采纳一切相关的证据；但如果考虑人权等价值，则应当对证据的可采性进行限制。不过，从证据短缺的角度来看，威格摩尔对非法证据排除规则的质疑，无疑是反驳证据排除规则优于证据完整性观念的一种论证路径，而其尝试以“程序性预防”代替“程序性制裁”的方法也为确保证据完整性、减少因排除规则而造成的证据短缺现象提供了新的解决思路。

---

①　参见吴洪淇《转型的逻辑：证据法的运行环境与内部结构》，中国政法大学出版社 2013 年版，第 103 页。

②　杜国栋：《论证据的完整性》，中国政法大学出版社 2012 年版，第 23 页。

③　参见杜国栋《论证据的完整性》，中国政法大学出版社 2012 年版，第 42—43、252 页。

④　万毅、林喜芬、何永军：《刑事诉讼法的制度转型与研究转向——以非法证据排除规则为线索的分析》，《现代法学》2008 年第 4 期，第 127—128 页。

第三章

证据短缺的学理探究

自纠纷产生之时起，人们就开始不断寻求“证据”以证明自己的主张。但是当双方各执一词，又没有更多的证据帮助裁判者作出裁决时，裁判者就会诉诸其他力量，比如神明裁判。这种证据不足以作出裁决的情况就是证据短缺。如前所述，对于证据短缺的“恐慌”在纠纷解决的过程中始终存在。很多制度都可以看作是“证据短缺”的产物。或者说，“证据短缺”是一种理念，它影响着人们的价值选择和制度构建。比如陪审团的出现，最初就是为了查明事实，而由一些了解案件事实的证人所组成的。又如无罪推定原则的采用，在公诉方的证据不足以证明被告人有罪时，法院必须要作出确定性的裁决，而不能就此搁置，这是面临证据短缺时的价值选择。

司法裁判包括“查明事实”和“作出判决”两个阶段，查明事实是作出判决的前提和基础，作出判决是查明事实的结果和目的，二者都为诉讼的“定纷止争”发挥作用。但就查明事实来说，其基础是证据、根本在证据、关键是证据，如果证据的数量和质量出现问题，将会影响司法人员对事实的正确判断，进而影响判决的作出。在查明事实这一阶段中，追求证据数量和质量的最大化、最优化应当也必须成为司法人员的终极目标。不过，证据短缺并非只存在于事实认定中，有证据的地方就可能存在证据短缺。因此，正确认识证据短缺，将有助于司法人员规避短缺风险，最大限度保证证据的完整性。在本章中，笔者将尝试对“证据短缺”进行学理分析，阐释证据短缺的含义、分类和特征等。

一　证据短缺的界说

（一）证据短缺的含义

匈牙利经济学家亚诺什·科尔内曾对传统社会主义经济体制下的短缺经济现象进行过深入研究，他认为，短缺经济是指资源等供给满足不了社会需求的一种状态。① 笔者以为，证据短缺也是一种事实状态，诸如故意杀人案中由找不到作案工具造成实物证据不足、刑讯逼供得来的口供不具有合法性、血型鉴定结果只能用于否定性而非肯定性判断等都是证据短缺状态的具体体现。通常来讲，对证据的衡量可以从数量和质量两个角度进行，当证据数量缺失或者质量不足时，证据将处于短缺的状态。由于证据是依附于司法证明而存在的，所以对证据短缺的讨论应当在司法证明的范围内进行。综上所述，笔者将证据短缺定义为："证据短缺是指能为司法证明所发现和使用的证据存在短缺的事实状态"。

这里有必要对证据短缺定义中的"证据"和"司法证明"作出解释。司法活动中的证据有广义和狭义之分，广义上的证据既包括诉讼开始前，参与诉讼的当事人双方所搜集的"证据材料"，也包括具有证据资格的"证据"，还包括经法庭审查用以认定案件事实的"定案根据"。而狭义上的证据仅仅指的是"定案根据"。在上述定义中，"证据"的讨论范围是"司法证明"，由于无论"证据材料""证据"，还是"定案根据"都存在短缺的可能，而控辩双方收集、提交的证据并不一定都能够成为法官认定案件事实的依据，因此，"证据短缺"中的"证据"是指证据的广义概念。同样地，这里的"司法证明"既包括控辩双方使用证据的证明，也包括法官使用证据的证明，既包括"自向证明"，也包括"他向证明"②。换言之，这里的"司法证明"包括为解决纠纷、查明真相而进行的所有证明活动。

---

① "经济发展中资源、产品、服务的供给不能满足有支付能力的需求的一种经济现象"。

② 有关自向证明和他向证明，参见何家弘《论司法证明的目的和标准——兼论司法证明的基本概念和范畴》，《法学研究》2001 年第 6 期。

对证据短缺定义的理解可以从宏观和微观两个角度展开。首先，从宏观角度来看，证据短缺指的是证据资源的短缺性，即司法证明中能够发现、使用的证据与现实存在的证据相比是短缺的。案件发生过程中会产生大量的证据，但由于受到客观条件、认识能力、个人素质等原因的限制，能够为办案人员或当事人所发现和使用的证据只是客观存在的证据的一部分。也就是说，有相当一部分“潜在证据”没能转化成“现实证据”为办案人员或当事人所使用。① 因此，从司法证明所能够使用的证据资源的角度来讲，证据始终是短缺的。从微观角度来看，仅就司法证明的内容而言，证据短缺会导致案件事实的模糊性和认识的局限性。虽然司法证明的目的在于重构案件事实，但并非所有的事实都需要有证据加以证明。一方面，只有待证事实、争点事实才能成为司法证明的对象，才是真正需要进行证明的内容；另一方面，一些常识性、真理性的事实不需要证据证明，而是可以依赖推定规则或者司法认知。因此，对需要证据证明的待证事实、争议事实而言，证据的短缺状态将会对事实认定产生实质性影响，这也是证据短缺与刑事案件之间存在的直接联系。第一章对证据短缺现象的实证分析印证了这一点。可以说，宏观意义上的证据短缺是“原则性”的短缺，而微观意义上的证据短缺是“具体问题具体分析”下的短缺。

证据短缺可以在以下三种语境中使用：第一，用于阐述证明中证据资源的状态。如果说“司法证明的证据是短缺的”，其意思就是，对司法证明来说，证据资源总是具有短缺性。这正是上一段中提到的宏观意义上的证据短缺。第二，用于阐述具体案件中全案证据的状态。如果说“某个案件中的证据是短缺的”，就意味着，全案证据处于短缺状态，其数量和质量不足以帮助裁判者重构案件事实，不足以让裁判者形成案件事实为何的内心判断。此时，与证据短缺相对应的是“证据确实、充分”。第三，用于阐述具体案件中某一单个证据的状态。它主要指的是证据质量。当某一单个证据不具有证据资格，或者真实性存疑时，可以称

① 何家弘、何然：《刑事错案中的证据问题——实证研究与经济分析》，《政法论坛》2008年第2期，第12页。

该证据是“短缺”的，即质量上的不足。而当某一单个证据不存在上述问题时，则可以认为该证据是“完整”的，其质量不会影响作为证据的资格，也不会对裁判者的事实认定产生误导。换言之，证据的“短缺性”与“完整性”相对，都是对证据状态的表述。

（二）证据短缺相关概念辨析

学者们在表述证据时，通常使用的是“证据不足”“证据缺陷”，或者“证据瑕疵”。笔者认为有必要将这些概念与证据短缺区分开来。

其一，“证据短缺”与“证据不足”不同。虽然二者指的都是证据不充足的状态，但在使用上存在区别。“证据不足”是就事实认定而言的，证据短缺却是从证据角度出发对证据特点进行的描述，前者的落脚点在“事实”，后者的落脚点在“证据”。“证据不足，不能认定原告所主张的事实”这句话是通顺的，但是表述为“证据短缺，不能认定原告所主张的事实”看起来就很奇怪。相反，“证据短缺就是证据达不到证明标准对其所提出的要求”这句话没有问题，但是如果表述为“证据不足就是证据达不到证明标准对其所提出的要求”就不如“证据不足就是（认定事实）达不到证明标准所提出的要求”更好理解。虽然证据依附于事实认定而存在，但本书着眼于“证据”，因此“证据短缺”的针对性更强、更加贴切。

其二，“证据短缺”与“证据缺陷”“证据瑕疵”不同。一方面，它们的语言使用对象不同。“证据短缺”既可以描述证据的整体状态，也可以描述个别证据的形态，而“证据缺陷”“证据瑕疵”只能描述个别证据的形态。仍然以造句形式进行区分。“该案的证据短缺”这句话是通顺的，但是“该案的证据缺陷”或“该案的证据瑕疵”之后往往应该加上“在于”，即“该案的证据缺陷在于……”或“该案的证据瑕疵在于……”出现这种区别的原因是，“短缺”一词既能够作为动词使用，也能够作为形容词使用，而无论是“缺陷”还是“瑕疵”均只能够作为名词使用。所以，在描述证据状态时，使用“证据短缺”优于“证据缺陷”或“证据瑕疵”。另一方面，它们的内涵不同。“证据短缺”对证据状态的描述包括数量和质量两个方面，而“证据缺陷”“证据瑕疵”则往往只针对证据的质量。因此，从指称范围上来看，“证据短缺”要大于“证据缺陷”和“证据瑕疵”。

可见，证据短缺作为一个新的概念，它的优势在于：首先，它能将讨论限缩到证据本身，更准确地描述证据所处的状态。虽然证据依附于证明，甚至依附于事实认定而存在，离开了证明、离开了事实认定，证据便失去了存在意义。但是证据不等同于事实，它只是承载事实信息的客观、独立之物。因此，将对证据的描述从对事实认定的描述中剥离出来，能够更好地回归证据本身，方便对证据状态进行探讨。其次，它的适用范围更广。如前所述，证据短缺既可以对证据资源的短缺性进行描述，也可以对全案证据的状态进行描述，还可以用于描述单个证据本身的性质，而且往往更为贴切。甚至在描述单个证据本身的状态时，证据短缺可以作为“证据缺陷”“证据瑕疵”等的替代。最后，它的含义更加丰富。证据短缺同时包含了对证据数量和质量的衡量，对证据的评价更加全面，因此内涵也更加充实。对此，笔者将在下文中详细阐述。

二 证据短缺的分类

为了更好地理解证据短缺作为证据状态的描述，有必要对证据短缺的不同分类进行阐明，这可以从短缺存在的阶段、短缺的表现形态和短缺的形成方式三个角度展开。

（一）按照短缺的存在阶段划分

按照短缺存在的阶段，证据短缺可以分为侦查起诉阶段的短缺和审判阶段的短缺。

在刑事诉讼的侦查起诉阶段，司法人员的任务是发现、收集和固定证据。由于他们要认识的案件事实是发生在过去的历史事实，是“镜中之花”，因此只能通过搜集重组破碎的“镜片”来显现①。虽然“镜子”能够分散成无数的“镜片”，但这些破碎的“镜片”却难以被司法人员所

① 参见何家弘《当今我国刑事司法的十大误区》，《清华法学》2014 年第 2 期，第 65 页。

全部掌握——有些“镜片”的外在使办案人员认识不到它的存在，如科学技术无法发现、认识的那些物证；有些“镜片”是隐蔽的，如案件目击者或知情人在案发后离开了案发地，导致司法人员无从寻找等。可见，破碎“镜片”的不同状态增加了司法人员查找它们的难度。而且，根据辩证唯物主义认识论，人们对案件事实的认识属于认识的“个别实现”，都是“在完全有限地思维着的个人中实现的”①，所以，认识的局限性也是司法人员发现、收集、固定这些“镜片”存在局限性的原因之一。侦查起诉阶段的证据包括“潜在证据”和“现实证据”两种，“潜在证据”是指那些无法被认识到的客观存在的证据，而“现实证据”是指能够被办案人员或当事人发现、收集、固定的证据。由于种种原因，后者往往少于前者。但对于司法证明来说，只有“现实证据”才是真正能够发挥证明功能的资源②。故，侦查起诉阶段的“现实证据”相对于“潜在证据”来说是短缺的。

然而，并不是所有的“现实证据”都能进入法庭，成为认定案件事实的依据。“现实证据”要想转化为“定案证据”，还要受到证据原则、证据规则的约束。例如，不具有相关性、合法性的证据应当被排除在法庭之外，不具有真实性的证据不能被采信。只有那些载有事实信息，既能满足法律要求，又能为裁判者认可的证据才能成为“定案根据”或称“定案证据”。与“潜在证据”“现实证据”相比，“定案证据”的数量更为稀少，而且其短缺的程度也将直接影响案件事实的认定和司法裁判的结果。“定案证据”的短缺便是审判阶段的证据短缺。当然，正如前文提到的，在刑事诉讼中，并非案件事实的所有细节都需要证据证明，只要“定案证据”能够证明要件事实，能够满足法官认定事实的需要即可。因此，虽然“定案证据”与“现实证据”“潜在证据”相比总是短缺的，但就法官的事实查明和认定来讲却并不一定短缺。

事实上，虽然“潜在证据”的数量比“现实证据”“定案证据”的

① 何家弘：《论司法证明的目的和标准——兼论司法证明的基本概念和范畴》，《法学研究》2001 年第 6 期，第 47 页。

② 参见何家弘、何然《刑事错案中的证据问题——实证研究与经济分析》，《政法论坛》2008 年第 2 期，第 12 页。

数量要多得多，但是与“案件事实”相比，它仍然短缺。根据物质转移原理，案件发生的过程中，信息会在不同物体之间发生转移，[①] 但是这种转移并不是完整无损的，其过程中必然存在信息的流失。所以，案件事实发生后遗留的证据所承载的信息，只能是案件事实本身所包含的众多信息的一部分，其所呈现的也只能是不完整的“事实”。而且，信息在转移的过程中很有可能发生变异，致使信息错误地反映了事实。可见，就某些证据来讲，不论人们作出多么合理的解释，不论它显得多么真实可信，也绝不可能完整地保留本原的历史事实。正如古希腊哲学家赫拉克利特所说，“人不能两次踏进同一条河流”。历史事实无法重现，而其所遗留的证据也不见得能够“还原”事实。因此，“潜在证据”相对于“事实”本身来讲，就已经是短缺的，这正是“证据资源的短缺性”。

综上所述，侦查起诉阶段的证据短缺和审判阶段的证据短缺的区别在于：其一，二者产生原因不同，前者的短缺是源于客观条件和主观能动性的限制，而后者的短缺是源于法律规定和证据规则的限制；其二，二者影响后果不同，前者的短缺可能影响案件的立案和起诉，而后者的短缺则可能影响事实的认定。可见，随着诉讼阶段的不断发展，证据在不断流失，证据短缺的程度在不断加深。

（二）按照短缺的表现形态划分[②]

按照短缺的形态，证据短缺可以分为量的短缺和质的短缺。

历史事实的重构需要依赖证据，如果没有证据或者已有证据不足以证明，事实的重构过程就会受到影响。有学者在文章中将证据短缺划分为证据量的短缺和质的短缺两个方面，并且认为，量的短缺是指证明案件事实的证据数量不足，质的短缺是指已经取得的证据证明力不足。[③] 笔者赞同这一观点并且认为，“证据短缺”应该包括两个层面的含义，一是

---

① 参见徐立根主编《物证技术学》，中国人民大学出版社 2011 年版，第 14 页。

② 本部分内容参见何家弘、徐月笛《刑事错案中证据短缺现象的实证分析》，《武汉科技大学学报》（哲学社会科学版）2017 年第 4 期。

③ 参见马凯、王兆峰《证据短缺路径下的错案预防》，《黑龙江社会科学》2014 年第 3 期，第 106 页。

“短”，二是“缺”。“缺”即“缺少”“缺失”，对应的是数量上的不足；而“短”即“缺点”“瑕疵”，对应的是质量上的缺陷。仍以前面提到的“拼图板块”来比喻。就拼图游戏来讲，“缺”意味着“拼图板块”的数量不够，即使将收集到的所有“拼图板块”全放在背景板上，板上也还会存在空白；而“短”则表现为“拼图板块”本身有破损，如缺角、折痕，或者“拼图板块”上的画面看不清楚，如被水泡过、被染色等。就诉讼证明来说，“缺”自然是指能够为证明某一事实所使用的证据数量不足；而“短”则是指证据的证明力不足以证明该事实的存在。可能使证据证明力降低的原因，如证人的身份影响证人证言的可信度，鉴定人鉴定经验的丰富程度影响鉴定意见的可靠性等。因此，按照短缺的形态不同，可以将证据短缺划分为量的短缺和质的短缺。笔者在第一章中所讨论的证据短缺现象在疑案中的表现，证明待证事实的证据数量不足和证明待证事实的证据效力不足，实际上就分别对应了证据量的短缺和证据质的短缺。

就定案证据来说，法律对其数量和质量均提出了一定的要求。换言之，司法人员认定被告人实施了指控的犯罪行为必须有充分的证据。这意味着，控方不仅要证明犯罪事实已经发生、被告人实施了犯罪行为，还要证明犯罪行为以及犯罪行为的具体细节、被告人的身份与刑事责任能力、被害人的身份等。可见，证据量的要点就在于证据的内容应该覆盖所控犯罪的全部构成要件事实。我国传统的刑法理论把犯罪构成概括为犯罪主体、主观方面、犯罪客体、客观方面。但也有学者主张将犯罪构成二分化——罪体与罪责，分别对应传统理论中犯罪构成的客观要件——包括行为、结果、因果关系、犯罪的时间、地点等——和犯罪构成的主观要件。而犯罪就是客观与主观的统一。[①] 如果案件中的证据没能够证明犯罪构成要件或案件事实要素的某一方面，如没有证据能够证明被害人的身份，没有证据能够证明被告人具有作案时间等，这些构成要件或事实要素就无法查清，从而导致整个案件真相的模糊性。换言之，“拼图板块”数量不够，造成“拼图板”的留白，影响人们对“拼图画”的识别。

---

① 陈兴良：《本体刑法学》，商务印书馆 2001 年版，第 220—221、226—227 页。

证据质是司法人员认定案件事实的要素，也是司法人员审查认定证据的基本内容。即使一个案件中的证据量已经达标，但若证据质不达标，司法人员依然无法确认案件事实。作为定案根据的证据必须符合法律规定且真实可靠，即具有规范性和真实性。规范性要求证据应当具有法定形式，取证过程合法、有效；而真实性要求证据所承载的事实信息不能是虚假的、不可靠的——这也基本上契合了法律对证据能力和证明力的要求。如果案件中的某些证据不具备证据能力或真实可靠性不足，不能作为定案根据或者不能排除合理怀疑地证明特定案件事实，则意味着证据质的短缺。

除法官的事实认定外，刑事诉讼中的其他证明活动也对证据的量和质提出了要求。例如，侦查人员需要依据一定的证据量和质来判断是否能够移交起诉，检察人员需要依据一定的证据量和质来判断是否能够提起公诉，辩方也需要依据一定的证据量和质来证明自己的主张。如果证据的量和质达不到要求，就会造成事实无法证明的结果。当然，审查判断证据量和质最根本的还在于事实认定阶段。因为控辩双方都有可能按其证明需要而提供相当一部分并不符合法律规定的证据，如伪证，而法官的职责就是要在众多证据材料中找到能够作为定案根据的那一部分。因此，对证据量和质的衡量对事实认定来说是最有价值的，证据量和质的短缺对事实认定产生的影响也最大。

（三）按照短缺的形成方式划分

就单个证据的质量来讲，按照短缺的形成方式不同，证据短缺可以区分为内在属性上的短缺和外在表现上的短缺。

洛克把客观世界事物的质分为第一性的质和第二性的质两种。第一性的质不以人的意志为转移，属于客观事物的“自带属性”，它包括事物的广延性、形状、运动、静止、体积等；第二性的质是认识主体通过感官附加在客观事物上的属性而非事物所固有，包括事物的颜色、声音、气味、口味等，它的主观色彩较浓。① 二者的区分标准在于事物的这一性

---

① ［英］洛克：《人类理解论》，关文运译，商务印书馆 1997 年版，第 2—3 页。

质是否会随着人的认知变化而变化。例如，树是静止的，它的高低、粗细都是由自然界赋予且无外力作用下固定不变的，而树枝的颜色却会根据人的感知不同而被给出不同描述——有人称其为咖啡色，有人称其为棕色，有人称其为褐色。不过，尽管“第二性”会因认知不同而变化，事物的“第一性”和“第二性”都还是属于其“内在属性”的范畴。在很多情况下，事物还会表现出人为的外在要求。例如，为观赏目的而将树木修剪成不同的形状，此时树的原貌发生了变化，其特定的形状就成了它的外在表现。

证据作为客观存在的事物，也具有包含了“第一性”和“第二性”的内在属性和人为要求的外在表现。证据的“第一性”是指证据的大小、形状及其所承载的事实信息是一定的。例如，盗窃罪犯在桌脚不小心留下的半个脚印，证人脑海里留下的嫌疑车辆车牌号的后两位数字，它们相对于完整的脚印、完整的车牌号而言无疑是短缺的。还有被害人、证人对案件事实及周围环境的认识，由于不同人的感知力不同，感知事物时所处的精神状态不同，其记忆并不总是真实准确的。这类短缺可以看作是证据“第一性”的短缺。证据的“第二性”是指能为司法人员或当事人所认知的证据与案件事实的关联性强弱、是否真实可靠、证明价值大小等，它们是司法人员自由判断的对象。如果司法人员或当事人不需要使用该证据证明某一事实，也就无须判断它的关联性、真实可靠性和证明价值，从而无法得知其是否具有满足证明需要的上述属性，更无法得知其是否存在短缺。因此，证据与案件事实的关联性不强、真实可靠性不足、证明价值不大就是证据“第二性”的短缺。证据“第一性”和“第二性”的短缺都是在案件发生过程中形成的，都是不以人的意志为转移的短缺——司法人员或当事人无法“补足”残缺的脚印，也无法让其关联性或证明力增强。

证据的“外在表现”主要是指证据规则或证据制度为了追求某种价值目标的实现而在证据上附加一定的要求。例如，证据应当以法定的形式表现。我国《刑事诉讼法》第 50 条就规定了包括物证、书证在内的 8 种法定证据形式，凡是不符合这 8 种证据形式的证据材料，即使能够证明案件事实，也不能作为定案依据。在电子数据被写入法条之前，其虽然承载了事实信息，但由于形式上的短缺，不能作为证据被裁判者所使用。再如，证据必须通过法律规定的程序、手段取得，否则便不具有合法性。对非法取得的被告人供述来说，即使它的内容与其他证据能够印证，包含着认定案件事实所需要的关键信息，但基于对被告人权利的保障，该证据仍然应当排除，不能进入法庭。在此，带有“非法”属性的被告人供述与一般被告人供述相比，应当看作是短缺的。但是这种短缺并非证据材料本身所造成，而是人为要求下的短缺。造成外在表现上的短缺的原因可能是司法人员或当事人的法治意识不强，在证据收集、固定和使用过程中的行为不得当等。因此，与证据内在属性上的短缺相比，外在表现上的短缺往往是可以避免的。

虽然证据内在属性上的短缺是根本，但是从司法裁判的过程来看，法官在对证据进行审查时，总是先审查证据“外在表现”是否存在短缺，即先审查证据本身是否能够满足人为附加的要求，再考察其本身是否能够以及在多大程度上证明案件事实。也就是说，证据“外在表现上的短缺”涉及采纳的问题，而证据“内在属性上的短缺”则涉及采信的问题。

三 证据短缺的特征

可以说，证据短缺无论是在历史事实的认识中，还是在司法证明中都是现实存在的，因此，客观性是证据短缺最为突出的特点。因为无论哪种诉讼制度，在司法证明中都存在逆向认识的局限和价值选择的博弈，这两者不随主观意志的变化而变化，是证据短缺客观性的原因。同时，证据短缺又是可控的，毕竟证据“外在表现上的短缺”是人为要求的产物，随着证据制度的科学化、规范化，司法人员素质的提高，证据短缺的程度也会得到一定的控制。因此，对证据短缺来说，客观性和可控性是它的基本性质。

（一）证据短缺的客观性

所谓证据短缺的客观性，是指证据短缺在司法证明中是普遍存在的、不可避免的。正如前文所述，证据资源相对于证明需要来说总是短缺的，而造成这种资源性短缺的原因在于证据的数量和质量不得不受到现实条件的限制，有时又必须让步于诉讼价值。在两种因素的综合作用下，证据难以被无限制地收集、固定和使用。

1. 现实条件和认识规律的限制

办案人员不可能回到过去认识案件事实，只能在案发后运用证据重构“镜中之花”。这种逆向性、间接性的认识活动势必会受到客观现实条件的制约，受到人类认知能力的影响。首先，虽然案件事实发生时会通过物质交换而在周围环境中留下印记，但相对于案件事实的全部信息来说，这些印记所承载的信息都是片段化、不完整的，换言之，信息已经发生了流失。而且在诉讼中，这些承载着有限事实信息的印记（即证据）极容易因客观环境、条件的变化而发生缺损甚至灭失。例如，虽然罪犯在现场留下了脚印，但这脚印却被雨水冲刷掉导致其无法被发现；或者，本来罪犯的脚印清晰可见，却因周围人员对被害人的施救而导致其残缺不全。在滕兴善错案中，“由于尸体残缺不全，颧骨骨折，面部损伤严重，尸块上也没有特殊的疤痣，所以无法进行辨认”；[①] 在石东玉错案中，现场脚印由于杂乱、太过模糊而没有条件提取；在佘祥林、李怀亮等错案中，被害人尸体由于长时间浸泡，难以提取到血迹、精斑等物证。可见，案发现场的条件直接决定了能够提取和固定的证据数量和质量。另外，刑事案件中，罪犯还可能为了逃避责任而用各种方法掩饰、隐瞒、毁灭、伪造证据等，混淆侦查人员的视线，误导侦查人员的判断。例如，为防止在作案工具上留下指纹，盗窃犯佩戴手套实施偷窃行为，或者提前破坏了监控设备。因此，对刑事案件的侦破来说，案发现场条件越好，越有利于证据的收集，自然越有助于审判时的事实认定。然而，现实条件往往并非如侦查人员所希望的那样，能提供足够的证据资料。如果案发现场遭到破坏、尸体状况难以提取生物痕迹、罪犯未留下细微痕迹等，能够收集到的证据数量就会有所减少、证明效力也会有所减弱。

其次，办案人员对证据的认知会受到科学技术水平的影响：如果科学技术水平较低，部分客观存在的证据会因无法发现、提取、认识而于诉讼

---

① 何家弘：《亡者归来——刑事司法的十大误区》，北京大学出版社 2014 年版，第 29 页。

无益。在人类社会发展早期，由于缺少收集、固定可靠、可信证据的手段，目击者或行为人的证言和偶尔可能发现的明显物证是裁判者认定事实的主要依据，除此之外的其他证据往往少得可怜。所以正如第二章中已经论及的，当人们无法通过证据证明的方式作出裁判时，便会借助神明的力量，依靠“上天的旨意”进行裁决。[①] 随着自然知识的更新和科技水平的发展，人们现在已经能掌握多种获取、认识证据的技术手段，能够快速查找、锁定犯罪嫌疑人。美国的“无辜者计划”正是通过DNA检验，帮助众多被误判的人重获自由。尤其是在强奸案、杀人案中，DNA检验展现出前所未有的优势。不过，我们必须承认，即使在科技高度发展的现代社会，也会存在为人类能力所无法认识到的“潜在证据”。现在我们识别不了、使用不了的“潜在证据”，以后或许能在案件中发挥重大作用。

最后，司法人员对证据的认识存在局限性。认识的本质是主体对客体的反映。这一过程总是附加了主观因素，主观与客观之间并不能完全对等。正如哈耶克所指出的，正义的实现建立在人们认知的必然局限性上。[②] 因此，办案人员对已有证据的认识不能保证百分之百正确无误。恩格斯早在《反杜林论》中就指出，人的思维和认识能力具有相对性，就思维和认识的本性、使命、可能和历史终极目的来讲，它们是至上的和无限的；但就个别事件来讲，这种思维和认识又是不至上的和有限的。[③] 刑事诉讼活动的目的在于及时惩戒犯罪者，给民众一个公平公正的审理结果，因此其认识过程与科学发现不同。后者可以有无限的追求，可以进行永无止境的探索，但前者必须受到诉讼时间的限制，在既定条件下给出确定性结果。所以，司法人员对每一起案件的事实认定都是认识的“个别实现”。[④] 在刑事诉讼中，侦查人员不能无限制地查找、验证证据，

---

① 神示证据制度产生的原因一方面是当时的司法裁判者并没有“证据意识”，即依靠证据判断事实的意识，而是出于信仰和传统、习惯进行裁判；另一方面，可以想见，依照当时的社会发展水平，能够提取和发现的证据也是极少的。

② ［英］弗里德利希·冯·哈耶克：《法律、立法与自由（第一卷）》，邓正来、张守东、李静冰译，中国大百科全书出版社2000年版，第10页。

③ 参见《马克思恩格斯选集》第3卷，人民出版社1972年版，第126页。

④ 何家弘：《论司法证明的目的和标准——兼论司法证明的基本概念和范畴》，《法学研究》2001年第6期，第48页。

自然无法保证完全发现、提取案发现场的所有证据。

2. 发现真实不得不让步于其他价值

虽然发现真实是司法证明的目的，但诉讼程序的进行并不是在真空或封闭环境中，免不了会受到其他价值的约束，如自由、安全、民主、人权等。而诉讼中证据的运用，虽然以解决利益争端、认定案件事实为目的，也需要受到程序法的严格规制，在此过程中会涉及不同法律价值的选择和实现。[①] 有时，对事实真相的追求不得不让位于价值判断和选择，这种让步不可避免“牺牲”了许多对事实认定有用的证据，造成了证据数量上的短缺。

诉讼中，“潜在证据”必须经过取证、举证、质证、认证才能作为定案证据。在这一过程中，对公权力的限制和两造公平参与的价值追求贯穿始终。例如，侦查机关行使公权力收集证据应当严格遵照程序。如果侦查机关取证不合法，即使该证据内容对证明案件事实有益，仍需依据非法证据排除规则予以舍弃。排除非法证据就是对不合法取证程序的一种惩戒。举证程序同理。如果控诉方在规定时间内无法提供足够的证据证明其主张，则应当承担不利的诉讼后果。这种制度体现了诉讼对公民自由和利益的维护。[②] 再如，虽然质证程序的存在有可能导致证据的排除或证明力下降，但它保证了诉讼两造的公平参与权，而这正是程序正义所极力维护的价值之一。虽然刑事程序应当促进而不是阻碍事实真相的发现[③]，但是从某种意义上来说，越完备的诉讼程序对证据的要求越严格，也越有可能造成证据的短缺。[④]

在刑事诉讼中，控诉方是检察机关，代表了国家公权力，而辩诉方往往是个人或法人，代表的是私权利，二者在诉讼力量上存在较大差异。

---

① 陈瑞华：《从认识论走向价值论——证据法理论基础的反思与重构》，《法学》2001 年第 1 期，第 23 页。

② 锁正杰：《刑事程序价值论：程序正义与人权保障》，《中国法学》2000 年第 5 期，第 7 页。

③ ［美］约书亚·德雷勒斯、艾伦·C. 迈克尔斯：《美国刑事诉讼法精解》，吴宏耀译，北京大学出版社 2009 年版，第 27 页。

④ 当然，诉讼程序有时候也为办案人员尽可能地收集、固定证据以增加证据数量和提高证据质量提供帮助。所以实际上，诉讼程序对证据短缺来说是一把“双刃剑”。

当私权利对抗公权力时，为更好地实现司法公正，理应更加注重对私权利的保障，尤其是被告人权利的保障。刑事诉讼中许多程序和原则都体现了人们在收集证据和保障人权之间所作出的价值选择。例如，口供往往是含有案件相关信息最充足的载体，获得口供对于认识案件事实来讲显得十分重要。为了获取口供，世界上许多国家都曾允许刑讯合法化。然而，随着人权保障意识的增强，越来越多的国家开始赋予被追诉人沉默权。沉默权不仅限制了侦查机关国家权力的行使，而且保障了表达自由的权利。但同时，沉默权也使办案人员无法获得口供，一定程度上阻碍了事实真相的发现。又如，在侦查过程中，办案人员有时会采集人体比对样本，为了避免对被采样人人身权利的侵犯，强制采样应当遵循合法的程序，并按照适当性、比例性、必要性原则等进行。① 一旦程序违法，即使比对样本的检验结果有利于事实认定，法官也不能采纳。另外，证据法还注重保护其他一些比发现真实更为重要的价值。例如，作证豁免权的设计初衷正是维系那些作为社会存在和稳定发展基础的社会关系，避免刑事诉讼程序破坏这些关系的正常运行。② 其中最典型的莫过于“亲亲相隐”。《论语·子路》中曾有“父为子隐，子为父隐，直在其中矣”的说法，《大明律》还规定“弟不证兄、妻不证夫、奴婢不证主”，是为强制亲属拒证制度。③ 可见，即使亲属的证言十分重要，对事实真相的发现仍应让位于宗法伦理和家族制度。

综上所述，现实条件和认识规律的限制、发现真实不得不让步于其他价值两个方面是证据短缺客观性的形成因素。从这个意义上讲，证据短缺在司法证明中是不可避免的。不过，虽然证据短缺具有客观性，但它并不能成为人们放弃运用证据认定事实的理由。相反，其客观性能够启发人们正确认识案件事实的模糊性，正确看待司法判决的相对正确性。受辩证唯物论的影响，我国之前一直将“实事求是”作为基本原则、将

---

① 参见李学军、张卫萍、张吉林《侦查机关强制采取物证比对样本的必要性及合法化路径研究》，《证据科学》2009 年第 2 期，第 221—222 页。

② 参见孙远《刑事证据能力导论》，人民法院出版社 2007 年版，第 110 页。

③ 参见李拥军《“亲亲相隐”与“大义灭亲”的博弈：亲属豁免权的中国面相》，《中国法学》2014 年第 6 期，第 91 页。

实现“实体正义”作为根本目的。然而，证据短缺的客观性告诉我们，与案件事实相关的证据不可能被全部收集、固定，法官所认定的案件事实也不一定能够完全符合客观真实。因此，我们必须正确认识和理性看待证据短缺及案件事实。

具有客观性的证据短缺是“绝对性短缺”，它并不一定会影响案件事实认定。因为在刑事案件中，证据只需要证明“犯罪要件事实”，而非“所有案件事实”，当然，用于证明“要件事实”的证据必须符合法律规定，满足司法证明对其提出的要求。换言之，认识拼图中的影像并不要求所有的“碎片”都被收集且完好无损，而只是要求已有“碎片”的数量和质量能够据以推断出拼图所展现的影像。不过，如果现实条件或者诉讼价值使某些具有较大证明价值的证据无法被发现、收集、固定或者进入法庭，这种短缺将会对事实认定产生极大影响，法官将无法完成“发现真实”的任务。

（二）证据短缺的可控性

证据短缺的可控性是指，证据短缺的程度在一定条件下可以人为掌控。[①] 从前文来看，虽然证据短缺在每个案件中都是难以避免的，但不可否认，在制度不完整、有缺陷或者人为因素的影响下，证据短缺的程度将或多或少地加重，如果这些因素的干扰使证据短缺足以影响到事实认定，就可能造成疑案。而在制度相对完善、司法人员的证据行为遵循法律规范的情况下，证据短缺的程度就会缓解，就能够减少其对事实认定的不良影响。所以，证据短缺的可控性表现在短缺程度会受制度设计和人为因素的影响上。

1. 证据短缺程度受制度设计的影响

影响证据短缺的制度主要是指证据的收集、保管制度以及证据规则。

从证据收集的角度来看，证据调查模式与能够收集到的证据数量、质

---

① 实际上，“发现真实让位于诉讼价值”也存在一定的“可控”特征。因为人们完全可以选择不保护人权、不保护特定群体的特殊利益，只一味追求证据的数量。但由于诉讼价值多元化已经成为共识，而且证据法理论应当在“正义”的框架下探讨，我们不能为了避免证据短缺而违背作为共识的价值和正义，所以笔者并未将“发现真实让位于诉讼价值”纳入本部分中。

量密切相关。例如，单轨制证据调查模式与双轨制证据调查模式相比，后者更有利于调动被告方取证、质证的积极性，从而增加证据的数量、提高证据的质量。单轨制证据调查模式是纠问式诉讼制度的特有产物，它的优点在于能够有效提高侦查和打击犯罪的效率，减少经费开支，缩短诉讼时间。[①] 但它的缺点也很明显：过分依赖“官方”对证据的查找，削弱辩方取证、质证的力量。[②] 我国刑事诉讼一直采用单轨制证据调查模式，它带来的证据调查弊端主要体现在两个方面。其一，虽然法律规定侦查机关有权收集有罪和无罪的证据，[③] 但侦查人员在“犯罪嫌疑人犯了该罪”的前提假设下，从证明有罪的角度去查找证据，容易存在“心理盲点”，忽略那些与“犯罪嫌疑人犯了该罪”结论相反的证据或者对某些证据进行了错误解读。[④] 例如，在张高平、张辉叔侄二人错案中，法医在被害人的指甲末端检出其与一名男性的混合 DNA 谱带，但排除是由死者和张高平或张辉的 DNA 谱带混合而成。按理这可以成为质疑其二人并非作案人的证据之一，但公诉方在举证时却没有出示该证据，而且给出解释称“手指为相对开放部位，不排除被害人因生前与他人接触而在手指甲中留下 DNA 的可能性。[⑤] 事实上，要求控方证据调查人员准确收集各种有罪、无罪证据已然有所偏颇，因为侦查人员在犯罪侦查过程中的行为目标是查明犯罪事实并将犯罪嫌疑人缉捕归案，其在接手案件、寻找犯罪嫌疑人的过程中是不可能保持绝对“中立”的，难免会倾向于收集有罪证据。而如果侦查人员的职业道德和专业素养不济，这种现象会更加明显。其二，单轨制证据调查模式降低了辩方发现证据的机会，造成控辩双方举证力量的不平衡，也使庭审时的辩方处于更加不利的质证地位。虽然

---

① 参见何家弘《刑事诉讼中证据调查的实证研究》，《中外法学》2012 年第 1 期，第 184 页。

② 何家弘：《当今我国刑事司法的十大误区》，《清华法学》2014 年第 2 期，第 53 页。

③ 2018 年《刑事诉讼法》第 52 条规定，“审判人员、检察人员、侦查人员必须依照法定程序，收集能够证实犯罪嫌疑人、被告人有罪或者无罪、犯罪情节轻重的各种证据”。

④ 参见易延友《英美证据法的历史与哲学考察》，《证据法的体系与精神——以英美法为特别参照》，北京大学出版社 2010 年版。

⑤ 参见何家弘主编《迟到的正义——影响中国司法的十大冤案》，中国法制出版社 2014 年版，第 213—215 页。

《刑事诉讼法》赋予了律师在侦查阶段作为辩护人的地位，但却没有明确其应该享有的调查取证权。无论是自行调查取证还是申请调取证据，辩护律师权利的行使都受到了一定的限制。[①] 在基层法院审理的案件中，辩方提供证据证明被告人无罪的屈指可数。大多数案件辩护律师的辩护意见都仅限于“初犯、偶犯，主观恶性小”等，辩方取证之困难可见一斑。而且，《中华人民共和国刑法》（以下简称《刑法》）第306条律师伪证罪的存在也让辩护律师调查取证权的行使面临法律风险。害怕承担刑事责任以及律师本身能力的局限降低了自行调查取证的可能；而申请调取证据又得不到允许[②]，辩护律师的举证被迫陷入困境。不仅如此，律师在案件移送审查起诉后才有权利阅卷，对证据的认知只能通过“官方”途径，同样增加了质证的难度。可见，即使没有适用双轨制证据调查模式，也应当完善单轨制证据调查模式的配套机制，否则将会限制证据的来源渠道，造成无罪证据难以进入法庭，而有罪证据无法有效质证的情况。

大多数实物证据，从侦查人员收集，经检察人员审查，到最终提交给法庭，需要历经收集、保管、运输、鉴定等多重环节。无论哪一个环节的操作不当，如证据被污染或发生变化，证据损毁、灭失等，其证明价值都可能受到损害，造成证据的短缺。[③] 因此，设计完整的证据保管链能够有效防止证据在流转过程中遗失、损毁、替换，为证据的同一性、真实性提供保障。而证据保管链的缺失将会威胁到证据的数量和质量。根据学者的界定，证据保管链的适用范围是“从获取证据时起至将证据提交法庭时止”，规范对象是“实物证据的流转和安置”行为和“保管证据的人员的沿革”情况。[④] 之前我国法律在证据保管方面的规定不甚完善，导致刑事疑案中出现大量的证据提取、保管、使用不当现象。不过，2012年以后，证据规范开始重视证据保管链制度的构建。例如，《高法解

① 参见徐月笛《辩护律师的调查取证权研究》，硕士学位论文，青岛大学，2014年。

② 徐月笛：《辩护律师的调查取证权研究》，硕士学位论文，青岛大学，2014年。

③ 陈永生：《证据保管链制度研究》，《法学研究》2014年第5期，第175页。

④ See Bryan A. Garner (ed.), *Black's Law Dictionary*, 9th ed., Minnesoda: West, A Thomson Business, 2009, p. 260. 转引自陈永生《证据保管链制度研究》，《法学研究》2014年第5期，第176页。

释》第97条就要求在审查鉴定意见时要着重审查检材的质量[①]；《司法鉴定程序通则》要求司法鉴定机构接受委托时必须核对并记录鉴定材料的详细情况，建立鉴定材料管理制度，对鉴定过程进行实时记录并签名[②]；《公安机关刑事案件现场勘验检查规则》（以下简称《现场勘验检查规则》）要求对物证进行建档管理，由专人负责，严格执行存取登记制度。[③]《公安机关办理刑事案件程序规定》（以下简称《刑事案件程序规定》）还要求检材的保管和送检应当注明各环节的责任人。[④] 相信法律规范的不断完善能够避免因不当保管、使用而产生的证据短缺。[⑤]

另外，证据规则也会对证据短缺造成影响。众所周知，证据法理论对定案证据提出了诸多要求，如合法性、关联性、真实性等，而证据规则是证据制度的核心，也是规范证据合法性、关联性、真实性的重要依据。例如，由于传闻证据存在较大的虚假可能，而裁判者又很难对传闻证据的真实性进行判断，所以设立传闻证据排除规则可以避免虚假证据进入法庭，防止其对裁判者产生误导。值得一提的是，虽然证据规则可以同时对证据数量和证据质量产生影响，但其主要作用还是确保证据质量不出现短缺。应该说，证据规则越科学合理，对证据质量的保障力度

---

① 《高法解释》第97条："对鉴定意见应当着重审查以下内容……（三）检材的来源、取得、保管、送检是否符合法律、有关规定，与相关提取笔录、扣押清单等记载的内容是否相符，检材是否可靠……"

② 《司法鉴定程序通则》（2016年修订）第12条，"司法鉴定机构应当核对并记录鉴定材料的名称、种类、数量、性状、保存状况、收到时间等"。第22条，"司法鉴定机构应当建立鉴定材料管理制度，严格监控鉴定材料的接收、保管、使用和退还"。第27条，"司法鉴定人应当对鉴定过程进行实时记录并签名。记录可以采取笔记、录音、录像、拍照等方式。记录应当载明主要的鉴定方法和过程，检查、检验、检测结果，以及仪器设备使用情况等"。参见刘鑫、王梦娟《强化程序意识规范鉴定行为——关于〈司法鉴定程序通则〉2016年的修改》，《中国法医学杂志》2016年第3期，第223—227页。

③ 《公安机关刑事案件现场勘验检查规则》（2015年修订）第62条："对于现场提取的痕迹、物品和扣押的物品、文件，应当按照有关规定建档管理，存放于专门场所，由专人负责，严格执行存取登记制度，严禁侦查人员自行保管。"

④ 《公安机关办理刑事案件程序规定》（2020年修订）第250条："侦查人员应当做好检材的保管和送检工作，并注明检材送检环节的责任人，确保检材在流转环节中的同一性和不被污染。"

⑤ 对本部分内容的详细阐述可参见徐月笛《论物证鉴定意见的合法性——从刑事错案和规范分析两个视角》，《证据科学》2016年第4期，第444—445页。

就越强。英美法系证据规则的发展趋势也证实了这一点。

由此可见，证据法相关制度的设计将会影响证据短缺的程度。如果制度设计相对合理、科学，不仅能为办案人员及其当事人收集证据拓展渠道，而且还能为证据的保管、使用提供保障，证据的数量和质量也就会有大幅度的提升。反之，倘若制度设计不利于证据收集、保管和使用，证据的短缺程度将会加深，进而影响事实认定。

2. 证据短缺程度受人为因素的影响

案件发生后，办案人员的思想、行为会影响证据短缺的程度，如认知能力、知识水平等。毋庸置疑，人的能力大小并非完全相同，即使是受过专业培训的司法人员，在感知证据、认定事实时也会出现差异。犯罪鉴识大师李昌钰能破获许多大案要案，自然离不开其丰富的办案经历和深厚的专业学识。然而并不是每个司法人员都能像李博士那样，李博士也不可能参与到所有案件的侦破中，更何况还有连李博士都未能侦破的案件。另外，事实的创造和发现离不开一定知识或理论。如果办案人员的能力水平尚浅，就免不了出现未能及时发现、妥善提取和保管证据的情形，甚至有时还会错误认识证据。在石东玉错案中，法医把被害人的 AB 型血错误地鉴定为 A 型；在张高平、张辉二人错案中，办案人员将被害人指甲末端 DNA 检测结果所具有的双边关联误读为单边关联，忽略了其与强奸杀人事实之间的关系……这都是认知能力、水平对证据数量和质量产生影响的表现。

办案人员的素质同样会对证据短缺造成影响。人的能力水平可以通过培训得到提升，但是职业素养的高低取决于办案人员的工作态度和工作作风。如果办案人员的职业素养不高、办案态度和行为作风不端正，不认真对待潜在证据和现实证据，即使其具备了必要的侦查和判断能力，也会在一定程度上加深短缺的程度。例如，在覃俊虎、兰永奎错案[①]中，现场勘验人员居然没有发现被害人装有行车证和驾驶证的外套，反而是

① 案情详见郭欣阳《刑事错案评析》，中国人民公安大学出版社 2011 年版，第 284—292 页。

由被害人兄长捡到后交到侦查人员手中。更有甚者，在李志平错案[①]中，定州市公安局不惜通过私人关系请专家进行掌印鉴定，来确认“现场提取的土迹掌纹是李志平的左手掌所留”。据报道，曾有记者见到了现场提取的掌印和李志平掌纹示意图的复印件，认为即便仅凭肉眼观察，两者的差异也十分明显。[②] 不得不说，如果该案的办案人员能够秉公执法，将之前得出“不一致”结论的鉴定意见提交法庭，该起错案或许不会发生。因此，办案人员的职业素养会直接影响证据的收集、保管和使用。

值得一提的是，办案人员无罪推定或有罪推定的思想同样会对证据产生影响。我国近年披露的刑事错案不止一次地揭示：有罪推定思想会造成对证据的错误认识和处理。这种思想对侦查阶段证据收集的影响最为严重。在侦查过程中，办案人员的“先见”、经验固然可以为确定侦查方向和制定侦查方案提供思路，但如果办案人员过于受“先见”或经验的影响而片面调查取证，就会造成“现实证据”的短缺。例如，有些司法人员热衷于获取认罪口供，甚至不惜采用刑讯方式逼取口供，“证据不够，口供来凑”，这不仅会使口供失去合法性，而且会降低口供的真实可靠性；有些司法人员对罪轻或无罪证据视而不见，或将之看作“无关证据”而置之不理；有些司法人员为“印证”心中所想，不惜隐匿证据、伪造证据，不仅使据以认定案件事实的证据数量愈加缺乏，而且造成证据真实性、可靠性的丧失，使证据质量达不到法律标准。如果说客观条件造成的证据短缺颇让人有些“无可奈何”，那么因为错误的“有罪推定”思想造成的证据短缺就让人有些“痛心疾首”。

综上所述，证据短缺具有可控性。与由现实因素造成的“绝对性短缺”不同，由可控因素造成的证据短缺是“相对性短缺”，人们完全有能力控制这种短缺。显然，在良好的制度设计和办案人员素质的保障下，证据短缺程度能够得到最大限度的避免和缓解。所以，证据法一方面要促进法律规范的完善、证据收集和使用制度的构建，另一方面要通过教

---

① 案情详见郭欣阳《刑事错案评析》，中国人民公安大学出版社 2011 年版，第 162 页以下。

② 徐月笛：《论物证鉴定意见的合法性——从刑事错案和规范分析两个视角》，《证据科学》2016 年第 4 期，第 435 页。

育的加强、监督和惩戒机制的设置来纠正“有罪推定”思想、提高办案人员的工作能力和职业素养，减少因证据制度缺陷和办案人员思想行为不端而产生的短缺。

四　证据短缺与证据规则的关系

以上讨论不难看出，证据短缺与证据制度有着千丝万缕的关系，证据制度影响着证据短缺的程度，证据短缺推动证据制度不断发展完善。证据制度的核心是证据规则，证据规则直接作用于证据，在法官的严格适用中决定证据的去留。证据规则对证据短缺的影响利大于弊，其设立应当以证据短缺为前提。

（一）证据规则有利于缓解证据短缺

通常来说，证据规则具有两大功能——判断证据和规范证据使用，它们分别对应了我国证据规则理论中的“实体性规则”和“程序性规则”。所谓“程序性规则”，是指规范证据收集、运用程序的规则，如交叉询问规则、不得强迫自证其罪等；所谓“实体性规则”，是指规范证据的形式和内容，用以判断证据是否可以被法官所采纳、采信的规则，即证据能力规则和证明力规则，如非法证据排除规则、传闻证据排除规则、最佳证据规则等。“程序性规则”是“动态”的，它贯穿于取证、举证、质证、认证全过程，用以调整和约束证明行为①，需要从诉讼过程的进展来把握和理解；而“实体性规则”是“静态”的，主要适用于法官对证据的审查判断，在法官将“与案件有关的证据材料”转化成“定案根据”的过程中发挥作用。英美法系使用的“证据规则”一词主要指的是实体

① 樊崇义：《刑事证据规则立法建议报告》，《中外法学》2016 年第 2 期，第 287 页。笔者以为，这里的“证明行为”不仅包括当事人证明自己主张的“他向证明”，还包括“自向证明”，如侦查机关收集、固定证据以查明案件事实。因此这里的“证明行为”应当作广义理解，包含了取证、举证、质证和认证行为。关于自向证明与他向证明、查明与证明的区分，可参见何家弘《论司法证明的目的和标准——兼论司法证明的基本概念和范畴》，《法学研究》2001 年第 6 期。

性规则，而我国刑事诉讼中使用的“证据规则”却是包括程序性规则和实体性规则在内的广义上的证据规则。在本书中，我们的讨论对象主要聚焦于审查判断和认定证据的规则，即“实体性规则”。

基于前文对证据短缺的分析，要缓解影响事实认定的证据短缺有两条路径，一是尽量减少诉讼进程中的证据流失；二是尽量保证用于事实认定的证据质量。证据规则似乎更倾向于发挥“关卡”的作用，通过排除不符合要求的证据来保证定案证据的质量，而于证据数量的增加无益。笔者以为这种认识过于表面化。因为排除作用的存在反而能够促使庭前的证据调查活动更加规范，减少了庭审证据出现缺陷的可能。

的确，证据规则对证据短缺来说是一把“双刃剑”。证据规则的本质特点是“排除”——英美法系是法定的排除，大陆法系是法官依照规则衡量后决定是否排除。从这个层面来看，排除规则减少了能够进入法庭的证据数量，可能会使法官无法采纳那些与待证事实有关联且有证明力的证据，进而加剧事实认定中证据短缺的程度，阻碍事实的查明。这是证据规则促进证据短缺产生，于发现真实之“弊”。但同时，如果没有证据规则或者不严格适用证据规则，使不具有证据能力或真实可靠性的证据进入法庭，抑或作为裁判的依据，那么认定案件事实的证据也会表现为证据的短缺，即“不扎实”的证据。因此，证据规则能够避免法官受不适当的证据所干扰，保证法官使用的证据真实可靠，从而有利于查明案件事实。这是证据规则阻碍证据短缺产生，于发现真实之“利”。一边是适用后的短缺，并含无法定罪的风险；另一边是不适用造成短缺，并含错误认定的风险。权衡两边，前者所导致的证据短缺更能为人们所接受，也更具有正当性。因为“无法定罪”好过“错误定罪”，前者是一个错误，而后者有可能是两个错误。并且，证据规则的适用是程序正当的表现，在愈加强调实体正义和程序正义并重的现代，规范适用证据规则无疑会提高司法的权威性。在刑事诉讼中，对案件真实的追求和其他价值的实现始终是一种博弈的状态，从长远来看，制定和适用证据规则是从根本上对事实认定的负责、对证据真实可靠性的保障。因此总体来说，证据规则对证据短缺产生的阻碍作用大于促进作用，即对发现真实之“利大于弊”。

制定和适用证据规则的必要性可以从两个角度来考量。其一是成本收益角度。诚然，证据规则的适用会增加刑事司法的成本，浪费收集证据时所耗费的部分司法资源，但是从长远来看，明确的证据排除规则会降低“刑事司法的成本”，因为它会减少诸如刑讯逼供等非法取证行为，使司法人员能够通过合法、适当的途径搜集、保管和使用证据，从而最终达到减少日后因证据排除所造成的“资源浪费”。[①] 况且，与适用证据规则相比，不适用证据规则有可能导致错误认定，其对司法的权威性和公信力的损害将远远大于适用证据规则所增加的成本。因此，认为证据排除规则的适用加剧了证据短缺的程度实际上是一种“短视”。而适用证据规则虽然不具有“短期效益”，甚至还造成证据数量的“负增长”，但从刑事司法的发展来看，其无疑具有“长期效益”，是缓解证据短缺的一种长远做法。其二是诉讼效率的角度。虽然刑事诉讼的目的在于惩罚犯罪和保障人权，但归根结底，它是一种纠纷解决方式，最终目的在于定纷止争。这也决定了，诉讼不可能久拖不决，而是应该讲求效率，尽快给社会一个答复。所以，诉讼中那些虽具有证明力但可能导致诉讼反复、久拖不决、影响诉讼效率，以致其负面效益已经大于其证明力的证据应当排除就成为必然。而且，证据规则作为法定规范，能够提高法官审查判断证据的效率。在“有章可循”之下，不仅法官的自由裁量权得到必要的限制，而且可以省去法官自主判断某些证据材料是否可采的资源耗费。因此，证据规则的适用也是保证诉讼效率的方式之一。

当然，证据规则的设立和完善也能够帮助解决本书第三章中提到的因制度不完善和人为原因造成的短缺程度的加重。例如，我国正处在从以侦查为中心转变为以审判为中心的刑事诉讼改革进程中，以审判为中心更加强调事实裁判者对证据的审查判断，也更加强调证据的重要性。如果没有完整、有效的刑事证据规则体系，证据的审查判断依据缺失，法官仍然对侦查得来的证据不加筛选就作为定案的根据，那么所谓“以审判为中心”就是一句空话，必将流于形式。最高人民法院于 2017 年 2

---

① 参见何家弘、何然《刑事错案中的证据问题——实证研究与经济分析》，《政法论坛》2008 年第 2 期，第 15 页。

月发布的《实施意见》中，不仅再次明确强调了证据裁判原则、证据质证原则、程序法定原则等，而且用专门一节规定了证据规则，体现出证据规则对于审判方式改革的重要性。又如，我国虽然没有建立证据保管链制度，但是如果能够完善证据排除规则，将排除规则作为一种“后置式”惩罚措施，必将督促证据调查人员更加规范地收集证据。龙宗智教授曾将证据规则的作用概括为：规范诉讼各方的取证、举证行为，以及限制事实裁判者对证据的自由取舍。[①] 其中，用以规范“各方取证、举证行为”的不仅应当包括程序性规范，也应当包括排除规则这种惩罚性规范。可见，证据排除规则对于证据短缺来说，是一种“反向激励机制”，它通过处理证据取得的后果，而对证据取得的过程加以限制。人为因素中的能力水平、职业素养等问题也可以通过排除规则的完善予以解决。如果因能力水平和职业素养不足导致侦查人员取得的证据不符合规范，而之后该证据却在法庭上被排除，那么侦查机关将会向法庭输送质量更高的证据以使案件事实得以认定，这反将促进人员能力和素养的提高。因此，刑事证据规则的完善能够帮助解决那些由制度原因、人为原因造成的证据短缺，也可以说，证据规则的研究进步能够为缓解案件事实认定中的证据短缺提供进路。

（二）证据要求为证据规则提供指引

在现代司法裁判中，定案证据总是需要满足一定的要求。例如，它们必须具有法定的形式，能以人们直接感知的方式呈现；再如，它们最好具有真实性，不能对法官的事实认定产生误导等。在证据法规范中，发挥“关卡”作用，允许符合要求的证据通过，阻挡不符合要求的证据进入法庭的恰是证据规则。也就是说，理论上的证据要求转化后成为规范上的证据规则，换言之，证据要求为证据规则提供指引，而证据规则是证据要求在规范适用层面的具体体现。因此，证据规则体系往往与证据要求的内容相对应。当然，不同国家对应的程度有所差异。在规则体

---

① 龙宗智、李玉花：《论我国刑事诉讼的证据规则》，《南京大学法律评论》1997 年秋季号，第 167 页。

系完备的国家，证据要求基本上会逐一落实在证据规则中；而在倡导自由心证的国家，证据是否符合要求很大程度上由法官自行把握，法律并不预先设置相应的规则。

证据规则从英美法系国家建立和发展起来，最初是为了严格限定证据范围，防止不适当的证据对不具有专业法律素养的普通陪审员产生误导，避免出现错误裁判。所以，在英美法系证据规则的发展历程中，基于认识上的原因而产生的排除规则，如最佳证据规则、传闻证据规则、意见证据规则等较早出现，其适用是为了保障单个证据的真实可靠性。而基于政策、价值的考量所设立的，如非法证据排除规则、证人特免权规则等，是适应社会发展、实现诉讼其他价值目标的产物。美国《联邦证据规则》中的证据规则体系以可采性规则为中心，它对证据提出的要求包括关联性和可采性两个方面：任何证据材料都必须先经过相关性判断，然后再进行可采性判断。在这里，相关性是可采性的前提，具备可采性的证据一定具备相关性，具备相关性的证据不一定具备可采性。其中，设立可采性规则的考量因素包括三个方面，一是限制辩论的范围和方法，二是保护陪审团免受误导，三是维护特定的政策价值。[①] 根据规则403，如果采用某一证据的负面影响（导致偏见、混淆争议或产生误导）大于其本身的证明价值，或者可能降低诉讼效率，造成诉讼延迟，则该证据应当排除。[②] 在保护陪审团免受误导方面，证据规则主要衡量的是证据的真实性，如传闻证据规则。由于传闻证据系证人在法庭之外所作陈述，或者转述的他人陈述，与证人当庭陈述自己了解的情况相比，该言词的陈述者未经当庭宣誓，而转述过程中又很有可能产生错误，因此传闻的真实性无法通过法庭上事实裁判者的观察、诉讼双方的质询来确定，可能对事实裁判者产生误导。另外，出于政策和价值考量而设立的证据规则包括：为保障人权而设立的沉默权规则、不得强迫自证其罪规则、非法证据排除规则，为实现诉讼双方的质证权而设立的交叉询问规则等。

在大陆法系国家，对证据的要求包括证据能力和证明力两个方面。

---

① 参见宋强《我国刑事证据规则体系构建研究》，法律出版社 2007 年版，第 22 页。

② 何家弘、张卫平主编：《外国证据法选译》，人民法院出版社 2000 年版，第 598 页。

其中，证据能力往往仅指合法性，也就是说，证据规则基本等于合法性规则。以德国为例，证明实体事实的证据材料若要取得证据能力，必须经过两道关卡：第一，其必须是经过严格证明的合法调查程序所取得的，这是积极条件；第二，该证据材料不属于证据使用禁止的范围，这是消极条件。① 而在审查证据材料是否具备证据能力时，应当先判断消极条件，再判断积极条件。因此，大陆法系国家法官对证据能力的审查，需要依照法律明确规定的证据规则进行，而对证明力的审查，无论是关联性还是真实性，都属于法官自由裁量的范围，法律没有设立证据规则加以限制或干涉。

我国关于证据要求的学理讨论采用了“混搭”模式：一方面，在讨论形式上采用了大陆法系的分类方法，即证据能力和证明力；另一方面，在讨论的具体范围上使用了英美法系证据要求的内容，即证据能力包括关联性、合法性、客观性，证明力包括真实性和证明价值。与两大法系的证据规则不同，我国的证据规则主要包括保障合法性的规则和保障真实性的规则。然而结合司法解释、专业解读来看，似乎所有的证据规则都是从保障证据真实性出发的：不具有真实性的证据就加以排除，具有真实性的证据就予以保留。其实，“发现真实”的诉讼目的本身就会对证据的“真实性”提出要求，因此设定部分限制证据真实性的规则是必要的。但是，这种对真实性的强调也容易造成对证据其他要求，如合法性、关联性的侵蚀，可能使不具有关联性但具有真实性的证据，或者不具有合法性但具有真实性的证据进入法庭，违背诉讼原则，对法官产生误导。因此，笔者十分赞同英美法系所秉持的“证据规则应围绕何种证据可以进入法庭为事实裁判者所使用而建立和发展”的理念，认为证据规则体系应当反映诉讼对定案证据的要求。

从这一层面来看，证据短缺实际上为刑事证据规则的研究提供了新的视角和思路。如前所述，微观层面的证据短缺是指事实认定中的证据短缺。这类短缺既包括证据质的短缺，也包括证据量的短缺，即证据的

---

① 参见秦宗文《自由心证研究——以刑事诉讼为中心》，法律出版社2007年版，第167页。

数量不足，或者证据不具有证据资格、证据真实可靠性存疑。证据短缺为刑事证据规则完善带来的启示包括以下两点：一是如何设立证据规则能够使事实裁判者在审查证据资格和证据真实可靠性时有章可循，避免出现定案证据不具有证据资格或者真实可靠性不足的现象？二是如何在依证据规则排除不符合条件的证据的同时，尽可能地保留对事实认定有利的证据，以达到“发现真实”的目的？前者可称为排除性规则，即排除不符合证据资格和真实性要求的证据；后者可称为包容性规则，即为具有证明力的证据准入提供可能。当然，在刑事证据规则的完善过程中，既要考虑证据规则的理论基础，也要考虑证据规则适用的实践经验，既不能将证据规则设立成无法操作的“空中楼阁”，也不能将其烦琐化，一个条文解决一个问题，应当避免“叠床架屋”式的规则构建。

尽管学者们对证据审查步骤的界分不同，如吴洪淇教授主张“证据准入—证明力评估”①，而何家弘教授主张“采纳—采信”②，但究其本质，关联性、合法性、真实性都是考量一份证据材料最终能否成为定案根据的必要内容。从证据短缺的角度来说，如果定案根据不具有关联性或合法性或真实性，那么该证据在事实认定中就处于短缺的状态；而如果全案证据不充分，未能清晰地重构案件事实，则全案证据对事实认定来说就是短缺的。因此，关联性规则、合法性规则、真实性规则是对单个证据审查判断的规则，而充分性规则是对全案证据进行审查的规则，其主要指的是证明标准，即证据需达到何种程度才能认定事实。是故，本书将从关联性规则、合法性规则、真实性规则和充分性规则四个方面展开研究。

---

① 参见吴洪淇《刑事证据审查的基本制度结构》，《中国法学》2017 年第 6 期，第 168 页。

② 参见何家弘、马丽莎《证据“属性”的学理重述》，《清华法学》2020 年第 4 期，第 87 页。

第 四 章

证据短缺与关联性规则

关联性是证据之于待证事实的必要属性，两个完全无关或关联性不强的事实之间自然无法发挥证明作用。证据关联性看似简单，实际上却是一个复杂的理论体系。在我国，关联性规则的研究尚未深入，立法也并没有像美国《联邦证据规则》那样从正面明确体现证据关联性的要求。从证据短缺的角度来看，关联性规则作用的发挥具有特殊性，对它的设置也应当充分考虑这一特殊性。

一　关联性规则概述

（一）证据关联性的概念考察

作为认定案件事实依据的证据应当与案件事实具有关联性，是诉讼裁判的常识。不过，这一常识性的要求在实践中却存在许多“灰色地带”，使得学者们不得不审慎界定“关联性”的具体含义，为证据关联性的判断设定更科学的标准。同时，关联性还是证据法中最基本的概念。正如米尔建·R. 达马斯卡所说：“相关性概念是奠定英美证据法原理大厦的基石之一：它处于证据词典的核心地位，在实际的法律论述中扮演着重要角色。”[①] 所以，厘清关联性的含义就显得极为重要。

“关联性”是附随间接证据而产生的。因为直接证据能够直接证明案

---

① ［美］米尔建·R. 达马斯卡：《漂移的证据法》，李学军等译，中国政法大学出版社2003年版，第76页。

件的主要事实，不需要中间环节的推导，因此一定与案件事实相关。与直接证据相反，单个间接证据往往无法直接证明案件的主要事实，而是必须与其他证据结合，通过逻辑推理证明案件事实，因此判断某一间接证据是否与案件存在关联是必要的。证据的关联性既与证据能力有关，也与证明力有关。就证据能力来说，证据必须与待证事实存在联系才能进入法庭调查；就证明力来说，证据内容与待证事实的关联性越强，证明力越大。故有学者将其划分为“证据能力意义上的关联性”和“证明力意义上的关联性”。[①] 关联性是证据的客观属性，某一证据与待证事实是否存在关联、关联性大小，只能为人们所评判却不能为人们所更改。

在英美证据法学中，关于关联性的表述繁多不一。诚如美国证据法学家乔恩·华尔兹教授所言：“相关性实际上是一个很难用切实有效的方法界定的概念。相关性容易识别，却不容易描述。”[②] 英国证据法学家斯蒂芬在其《证据法精要》中曾将关联性表述为“关联性被用于说明任何两项彼此存在如下联系的事实，即按照事情的一般过程，一项事实本其自身或者与其他事实的联系，为另一事实过去、现在或未来的存在或不存在提供证明或提供可能性”。[③] 可见，关联性指涉两个事实之间存在的积极或消极的逻辑关系，即当某一事实存在时，另一事实存在的可能性上升或者不存在的可能性上升。具体到司法证明中，表现为证据与待证事实之间的逻辑关系。在判断证据关联性的问题上，美国学者塞耶和威格摩尔形成了截然相反的两种观点：塞耶始终坚持“逻辑关联性”，即某一证据只要能够对法官认定案件事实产生影响，就认为其与待证事实之间存在关联——“除非有明确的法律或者政策上的原因加以排除，任何有逻辑证明作用的材料均可以作为证据采用”[④]；而威格摩尔主张“法律

---

① 奚玮、余茂玉：《证据关联性问题研究》，载卞建林主编《诉讼法学研究》第 12 卷，中国检察出版社 2007 年版，第 231—238 页。

② ［美］乔恩·R. 华尔兹：《刑事证据大全》，何家弘等译，中国人民公安大学出版社 1993 年版，第 64 页。

③ 转引自陈岚、杜厚扬《刑事证据关联性之司法审查》，《山东社会科学》2020 年第 5 期，第 143 页。

④ 转引自杜厚扬《刑事证据关联性研究》，博士学位论文，武汉大学，2020 年，第 21 页。

关联性”，它要求证据必须具有对法官认定事实产生高于最微弱影响的影响，即具有“最低限度的证明价值”——证据的证明价值必须超过其可能带来的对被告人产生的偏见、造成的审判延误以及误导事实裁判者等负面因素，[①] 否则该证据便不具有关联性。显然，法律关联性的要求高于逻辑关联性，也因此，具有逻辑关联性的证据不一定具有法律关联性。不过有学者认为，美国《联邦证据规则》并没有采用“法律关联性”理论，而是坚持了塞耶的“逻辑关联性”[②]，因为规则 401 对关联性证据的界定是“任何一项对诉讼裁判结案有影响的事实的存在，若有此证据将比缺乏此证据时更为可能或更无可能”[③]。乔恩·华尔兹教授将关联性解读为“证明性”和“实质性”两个方面。所谓实质性，是指证据“与决定诉讼的结果有关”，换言之，其所能证明的事实应当是具有实体法意义的事实；而证明性则是指证据能够使该实体法事实变得更加可能或更加不可能。可见，证据的关联性并不涉及真实性或证明价值问题，只是对证据内容与待证对象之间关系的描述。至于如何判断某一证据是否具有关联性，乔恩·华尔兹教授认为应当依次考察三个问题：一是证据的证明对象是什么？二是该证明对象是否属于法律上的实质性问题？三是该证据是否能够帮助确认实质性问题的存在或不存在？[④] 通过分析不难发现，前两个问题指向的是证据的“实质性”，最后一个问题指向的是证据的“证明性”，所以也有学者直接将判断标准划分为“指向标准”和“功能标准”。[⑤]

在大陆法系国家，由于作为准入门槛的关联性由法官预断，而非陪

---

① 杨迎泽、赵培显：《证据关联性的逻辑结构及判断》，《中国检察官》2017 年第 12 期，第 31 页。

② 参见易延友《〈美国联邦证据规则〉中的关联性》，《环球法律评论》2009 年第 6 期，第 8 页。

③ 何家弘、张卫平主编：《外国证据法选译》，人民法院出版社 2000 年版，第 593 页。

④ ［美］乔恩·华尔兹著：《刑事证据大全》，何家弘等译，中国人民公安大学出版社 1993 年版，第 64 页。

⑤ 参见张建伟《指向与功能：证据关联性及其判断标准》，《法律适用》2014 年第 3 期，第 5 页。

审团裁判，因此立法上较少对关联性作出规定，[①] 但理论上已经比较成熟。例如，日本证据法学中区分自然的关联性和法律的关联性，自然的关联性要求证据必须从内容和形式上与案件事实相关，而法律的关联性有要求该自然的关联性必须为法律所认可。[②]

我国刑事诉讼法律并没有对关联性作出明确规定，不过学界却存在“演进说”“合理关联说”“推测特定说”“倾向说”“实质联系说”等多种定义方式，虽然各学说的表述不同，但其所表达的关联性的本质却没有太大差别。[③] 一方面，学者们对“证据应当具有关联性”已经达成共识；另一方面，学者们普遍认为，关联性应该包括实质性和证明性两个方面。事实上，我国对证据关联性的探究更偏向司法实用主义，即将研究重点聚焦于如何审查具体证据的关联性——如电子数据的关联性、鉴定意见的关联性，而非对关联性的含义作具体解释。这一特点也充分反映在我国的关联性规则中。

（二）关联性规则的内容

英美法系的关联性规则产生于 19 世纪，在此之前的证据规则以最佳证据规则为主。1876 年，英国证据法学家斯蒂芬出版了《证据法摘要》一书，以关联性规则取代了最佳证据规则。之后，美国证据法学家塞耶对其理论进行了修正，提出可采性规则，并主张构建以可采性为中心的证据规则体系，对证据的关联性判断成为可采性判断的前提，关联性成为可采性的必要条件。这一理论至今影响着美国的证据规则体系。在美国，关联性规则是基础性规则。根据《联邦证据规则》规则 402 和规则 403，具有关联性的证据都应采纳，但是可能导致审理者产生不公正的偏

---

① 参见杜厚扬《刑事证据关联性研究》，博士学位论文，武汉大学，2020 年，第 12 页。

② “即使存在自然关联性，在可能使裁判者抱有不当的预断及偏见，从而有导致事实误认的高度危险那样的情况下，也可以认为没有法律上的关联性而否定证据能力。”［日］田原春夫主编：《日本刑事法的形成与特色》，法律出版社・成文堂 1997 年版，第 166 页。参见汪海燕、张小玲《论证据的关联性规则与关联性法则》，《诉讼法论丛》2005 年第 10 卷，第 63 页。

③ 参见唐玉富《英美证据法的关联性规则的解读与启示》，《研究生法学》2010 年第 2 期，第 1—2 页。

见，造成误导、混淆争议的证据，造成诉讼不当拖延的证据例外。而且，由其他价值考量所设立的证据规则不在此列，如非法证据排除规则、传闻证据规则等。[①] 所以也有学者将关联性规则的例外分为基于确保实体真实的例外、基于维护程序正义的例外、基于提高诉讼效率的例外三类。[②] 澳大利亚联邦《1995 年证据法》第 56 条[③]与美国《联邦证据规则》规则 402 类似，都是同时规定了“具有关联性的证据可以采纳”和“无关联性的证据不可采纳”两种——这也正是关联性规则的两方面内容：积极的关联性规则和消极的关联性规则。关联性规则和可采性规则的使用顺序如图 4－1 所示。当然，不管是关联性判断还是可采性判断，都属于庭前证据调查的内容，只有具有关联性且具有可采性的证据才能进入法庭，呈现在裁判者面前。

除了关联性规则的基础规定，美国《联邦证据规则》规则 404 还单独就品格证据可采与不可采的情形作出了规定。根据该规则，一方当事人若提出有关某人品格或品格特征的证据来证明此人在具体场合曾按其品格行事，则该证据不具有可采性，但存在两类例外，即当“用于反驳品格”或者“证明可信度”时，该品格证据可以进入法庭调查。该规则还规定，如果提出有关其他犯罪、错误或行为的证据，是为了证明某人曾按其品格行事，则该证据不具有可采性，但如果是为了证明动机、机会、意图等情形的除外。[④] 由此可知，品格证据是否可采要考虑该证据的

---

① 《联邦证据规则》规则 402：美国宪法、国会立法、本证据规则或者最高法院根据成文法授权制定的其他证据规则另有规定外，所有有关联性证据均可采纳。无关联性的证据不可采纳。规则 403：虽然证据具有关联性，但是若其证明价值实质上被下列因素超过，即导致不公正偏见、混淆争议或误导陪审团的危险，或者考虑到不适当拖延、浪费时间或不必要的出示重复证据，则仍然可以排除该证据。何家弘、张卫平主编：《外国证据法选译》，人民法院出版社 2000 年版，第 596、598 页。

② 参见汪海燕、张小玲《论证据的关联性规则与关联性法则》，《诉讼法论丛》2005 年第 10 卷，第 71 页。

③ 澳大利亚联邦《1995 年证据法》第 56 条：可采纳的关联性证据（1）除本法另有规定外，诉讼程序中有关联的证据在诉讼中应予采纳；（2）在诉讼程序中不相关的证据不得采纳。何家弘、张卫平主编：《外国证据法选译》，人民法院出版社 2000 年版，第 231 页。

④ “（1）品格证据用于反驳对方提出的被告人、被害人品格时；（2）品格证据用于证明证人证言的可靠性和可信度时。”何家弘、张卫平主编：《外国证据法选译》，人民法院出版社 2000 年版，第 599—600 页。

证明对象，证明对象不同，对品格证据的裁量不同。值得一提的是，虽然英美法系设置了细致而完备的关联性规则，但是关联性规则的启动却不是审理者的职责和义务。通常来说，只有诉讼一方对证据的关联性提出异议时，法官才会去判断该证据是否具有关联性、是否可以采纳。而且有时即使一方提出了异议，如果提出异议的理由有误，该项没有关联性的证据也将获得可采性。[①] 这是法官对证据关联性规则的被动适用。不过，当证据可能影响发现真实或者可能影响诉讼效率时，法官仍需就该证据是否可采作出裁判。此时法官对关联性规则的适用属于主动适用。因此，关联性规则能够通过法官的被动适用和主动适用发挥排除功能。

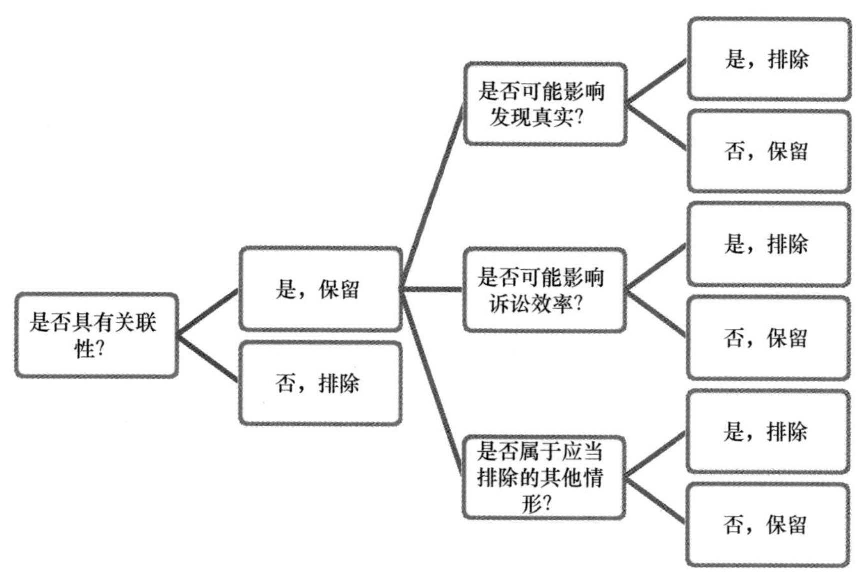

图4－1　美国关联性规则的适用机制

与英美法系国家不同，大陆法系国家的法律并没有对证据关联性的判断设置单独的程序。如德国《刑事诉讼法》（1998 年）第 245 条规定，证据调查除不合法的情形外，应当包括所有证据，而且“只有在应当证

① 宋英辉、吴宏耀：《相关性规则——外国证据规则系列之二》，《人民检察》2001 年第 4 期，第 61 页。

明的事实已经证明或者十分明显，事实与要判决的事项之间没有关联，证据没有意义或者提出申请是为了拖延诉讼的时候”，才可以拒绝证据调查的申请。[①] 也就是说，证据关联性审查属于证明力审查的内容，是否具有关联性、关联性大小均由法官内心确信而决定。这意味着，有相当一部分不具有关联性的证据也进入了法庭调查中。台湾学者陈朴生认为，关联性规则分为规范证据能力的关联性规则和规范证明力的关联性规则，分别指代了英美法系和大陆法系的关联性规则。[②] 不过，由于大陆法系实行自由心证制度，且证明力的判断本就属于法官自由裁量的范围，所以并没有对“规范证明力的关联性规则”[③] 进行明确具体的规定。因此我国学者在探讨关联性规则时往往指的是英美法系“规范证据能力的关联性规则”。

（三）关联性规则的功能与证据短缺

由上述论证可知，关联性规则可以同时发挥保留证据和排除证据的功能，前者的作用在于使尽可能多的证据进入裁判者的视野，从而为事实裁判者提供更多的信息资源，方便其作出更加准确的判断，后者的作用在于防止裁判者被无关证据所误导。无论是积极作用还是消极作用，关联性规则对减少证据短缺几乎是有百利而无一害的。首先，它为具有关联性的证据进入裁判视野“打开了大门”。在司法证明中，发现真实是基础，是解决纠纷的前提，而发现真实离不开大量的证据。可是由于主客观因素的影响，司法证明不得不在证据短缺的状态下进行。虽然这种短缺并不必然导致案件事实无法认定，但是尽可能多地发现、收集、固定、使用证据会在一定程度上避免证据短缺对发现真实的影响。从这个

---

① “除非不合法，证据调查应当延伸到所有的由法院传唤到庭的证人、鉴定人，以及对其他由法院、检察人员依照规定调取的证据”。何家弘、张卫平主编：《外国证据法选译》，人民法院出版社 2000 年版，第 461 页。

② 参见陈朴生《刑事证据法》，（台北）三民书局 1979 年版，第 276 页。

③ 有学者称之为“规范证明力判断的关联性法则”，将之与“关联性规则”相区分。参见汪海燕、张小玲《论证据的关联性规则与关联性法则》，《诉讼法论丛》2005 年第 10 卷，第 72 页。

意义上讲，所有与案件事实有关联、能够帮助法官认定事实的证据都应当进入法庭，无论其证明价值是大还是小。其次，关联性规则能够排除不具有关联性的单个证据，避免了定案证据出现短缺状态的可能。最后，其排除作用的发挥并不会导致新的证据短缺。就排除不具有关联性的证据来说，这些证据对法官案件事实的重构是无益的，换言之，认定事实并不“需要”这些证据。既然如此，那么排除这些证据不会妨碍具有关联性的证据发挥证明作用，也就不会影响事实认定。就排除部分具有关联性的证据来说[①]，对证据短缺的讨论始终以发现真实为出发点，而应当排除“导致不公正偏见、混淆争议或误导陪审团的危险”证据的规定，也是以发现真实为目标的，所以排除这些证据也不会对法官正确认定事实产生不利影响。可见，无论是关联性规则的保留功能还是排除功能，都始终以发现真实为主要价值取向，这一点与证据短缺不谋而合，自然不会加剧证据短缺。

如果不考虑法律另有规定的其他证据排除规则，关联性规则的另一个功能在于提高诉讼效率。换言之，对于那些可能造成诉讼延迟、浪费时间或重复出示的证据应当排除以确保诉讼程序的及时、有序推进。诚然，这种做法会使一部分能够证明案件事实的证据无法进入法庭，但是它并不会加重证据短缺。例如，在邓某某故意杀人案[②]中，由于邓某某行凶地点是在单位这一公共空间，因此有多人目睹了案发经过，而且有监控记录下了其行凶过程，被告人对其杀人行为也供认不讳。如果该案证据严格适用上述关联性规则，那么在案件事实清晰的情况下，法官采用多份目击证人证言就显得没有必要，因为排除几份内容几乎一致的证人证言并不妨碍法官对案件事实的认定。[③] 可见，当某些事实已被证明时，排除部分证据是合理的。尤其在当事人主义模式下，所有证据都需经过

① 这里不考虑证据因其他规则而被排除的情形。

② 案情参见广西壮族自治区柳州市中级人民法院（2014）柳市刑一终字第177号刑事裁定书。

③ 当然，在我国刑事诉讼中，一方面并没有规定类似的关联性排除规则，另一方面法官也没有排除重复证据的习惯，只要证据系侦查机关合法收集并固定，且与案件事实相关，法官一般都会在判决书（裁定书）中列出，鲜少有排除的情况。

交叉询问，质证内容几乎一致的多份证据会增加诉讼成本、拖延诉讼时间。当然，因对诉讼效率的考量而排除证据与发现真实之间本来就是一种价值上的博弈。但必须明确的是，证据短缺并不排斥价值的维护，否则也不会存在因价值选择而出现的证据短缺。

也许会有人疑问，那些重复的证据对证明来说似乎是“多余证据”，也就是说诸如邓某某故意杀人等存在重复证据的案件就不存在证据短缺了？笔者以为，这句话说对了一半，类似案件只是不存在“影响事实认定的证据短缺”而不是完全不存在“证据短缺”。其一，与案件事实本身相比，现有证据早已存在信息的流失，这种资源性短缺是不可避免的，所以即使我们可以通过监控录像、证人证言、被告人供述等“重构”事实，也难以毫无遗漏地“还原”案发过程。其二，法律并不要求证据能够证明案件中的所有事实，而只需证明对定罪量刑有实质意义的要件事实。现有证据只是能够证明后者，属于不存在影响事实认定的短缺；却无法证明前者，因而不能说完全不存在证据短缺。

二 证据短缺与我国关联性规则的构建

（一）我国关联性规则的立法和实践现状

我国目前并没有明确且大量规定关联性的限制性规则，但是立法中已经出现了涉及证据关联性的条款。实践中，有罪证据因不具有关联性而被否定证据能力的现象十分少见，多数法官仍将关联性放在证明力中加以判断。

1. 关联性规则的立法评述

目前，我国刑事诉讼立法中可能与“关联性要求”有关的条文大致可分为以下几类：一是概要性规定。例如《刑事诉讼法》第 50 条规定：“可以用于证明案件事实的材料，都是证据。”能够证明案件事实的证据，自然应该与案件存在一定的关联性。二是规范证据收集范围的规定。这里又包括两种：一种是以《刑事诉讼法》第 52 条为代表，强调证据收集的全面性，要求“办案人员必须依照法定程序，收集能够证实犯罪嫌疑人、被告人有罪或者无罪、犯罪情节轻重的各种证据”，有罪证据、无罪证据以及罪轻证据的范围实际上囊括了与定罪量刑有关的证据；另一种是以《刑事诉讼法》第141条第一款为代表，强调证据收集的限制性，即与案件无关的证据不得收集、处理，要求“在侦查活动中发现的……与案件无关的财物、文件，不得查封、扣押”。三是规范证据调查范围的规定。例如，《刑事诉讼法》第194条第一款规定：“……公诉人、当事人和辩护人、诉讼代理人经审判长许可，可以对证人、鉴定人发问。审判长认为发问的内容与案件无关的时候，应当制止。”再如，《高法解释》第247条：“控辩双方申请证人出庭作证，出示证据，应当说明证据的名称、来源和拟证明的事实……对方提出异议，认为有关证据与案件无关或者明显重复、不必要，法庭经审查异议成立的，可以不予准许。”四是规范证据审查认定的规定。这里也包括两种：一种是《高法解释》第82条、第97条、第98条、第108条中要求的，法官在审查物证、书证、鉴定意见、视听资料时应当着重审查上述证据与案件事实有无关联；另一种是以《高法解释》第139条第二款为代表，要求“对证据的证明力，应当根据具体情况，从证据与案件事实的关联程度、证据之间的联系等方面进行审查判断”。

表4－1　　我国证据关联性条文梳理

<table>
<tr><th colspan="2">分类</th><th>条文</th></tr>
<tr><td colspan="2">概要性规定</td><td>《刑事诉讼法》第50条；《办理刑事案件程序规定》第59条</td></tr>
<tr><td rowspan="2">规范证据收集范围</td><td>证据收集全面性</td><td>《刑事诉讼法》第52、115条；《高检规则》第176条、第191条第二款；《办理刑事案件程序规定》第60、191条</td></tr>
<tr><td>无关证据不得收集</td><td>《刑事诉讼法》第120条、第141条第一款、第145条、第152条第二款；《高检规则》第187条第二款、第210条；《办理刑事案件程序规定》第203条第二款、第227条第一款、第269条第二款</td></tr>
<tr><td colspan="2">规范证据调查范围</td><td>《刑事诉讼法》第194条第一款、第198条第一款；《高法解释》第247、261、262、285条、第287条第二款；《庭审规程》第20、21、22条</td></tr>
<tr><td rowspan="2">规范证据审查认定</td><td>证据资格审查</td><td>《高法解释》第82、97、98、108条；《庭审规程》第45条第二款</td></tr>
<tr><td>证明力审查</td><td>《高法解释》第139条；《高检规则》第62条；《办理刑事案件程序规定》第70条第三款、第192条；《庭审规程》第45条第一款</td></tr>
</table>

虽然上述条款从语言表达上看似乎是“关联性规则”，但考察官方解读的立法原意，只有《高法解释》第261条、第262条、第82条、第97条、第98条、第108条、第139条第二款体现了证据关联性要求。其中第261条①和第262条②分别规定了交叉询问基本规则——包括相关性规则——和交叉询问中的异议规则，即当询问或讯问内容与本案无关时，控辩双方可以提出异议。③ 第82条、第97条、第98条、第108条要求在证据的审查判断中应当审查证据内容与案件事实的关联性。具体来说，应当从两个方面展开：一是物证、书证等“要想作为证据使用，必须与犯罪构成要件事实具有相关性”；二是物证、书证等“必须具有证明价值”，使案件事实更有可能或更不可能。法官要基于知识、常识、经验和逻辑法则，对特定证据作出相应推论，判断其是否有助于证明或者证伪案件事实，进而认定其关联性。④ 第139条第二款则体现了关联性对证明力的影响——关联性越强，证明力越大；关联性越弱，证明力越小。除了上述条款，其他条款的立法本意与关联性似乎相去甚远。例如，《刑事诉讼法》第120条规定，被告人可以拒绝回答侦查人员提出的与本案无关的问题；第141条规定，侦查人员不得查封、扣押与本案无关的物品、文件。这两条的立法目的更倾向于保护当事人的相关权益，而不是对证据是否具有关联性进行裁量。再如《高法解释》第285条规定，审判长对控辩双方与案件无关、重复的发言应当提醒、制止。第287条第二款规

---

① 第261条：向证人发问应当遵循以下规则：（一）发问的内容应当与本案事实有关；（二）不得以诱导方式发问；（三）不得威胁证人；（四）不得损害证人的人格尊严。对被告人、被害人、附带民事诉讼当事人、鉴定人、有专门知识的人、调查人员、侦查人员或者其他人员的讯问、发问，适用前款规定。

② 第262条：控辩双方的讯问、发问方式不当或者内容与本案无关的，对方可以提出异议，申请审判长制止，审判长应当判明情况予以支持或者驳回；对方未提出异议的，审判长也可以根据情况予以制止。

③ “依据本条规定，交叉询问需要遵循的规则有：相关性规则，……相关性规则要求发问方提出的问题必须与案件事实有实质性的联系，而且对案件事实具有证明力。”“异议规则也是交叉询问规则的一种，当询问或讯问内容与本案无关或者发问方式不当时，控辩双方便可以提出异议，由法官裁断是否成立。”江必新主编：《最高人民法院刑事诉讼法司法解释理解与适用》，人民法院出版社2015年版，第629、632页。

④ 江必新主编：《最高人民法院刑事诉讼法司法解释理解与适用》，人民法院出版社2015年版，第219页。

定，被告人在最后陈述中多次重复自己的意见的，法庭可以制止；陈述内容与本案无关的，应当制止。这两条实质上是为了明确法庭的庭审指挥权，维护庭审秩序，提高诉讼效率。①

由此可见，目前我国刑事诉讼立法中没有类似英美法系国家的“规范证据能力的关联性规则”，且现有规定似乎不成体系。一则，法条中缺少对证据关联性的规范解释，不利于裁判者理解适用。二则，仅在法庭证据调查和认证中设置了“关联性规则”，许多能够发挥关联性规制作用的条款往往嫁接在其他立法目的中，模糊了证据关联性的要求。例如“具有关联性的证据应当收集”的理念就依附于证据收集全面性的要求，不利于体现关联性对证据收集范围的影响。三则，证据审查认定的“关联性规则”中对关联性的定位不清，即法条并未明确这种“审查”是将关联性作为对证据能力的审查还是对证明力的审查？这里问题的症结可能在于条文语言表达不严谨。例如，《高法解释》对“不得作为证据使用”和“不得作为定案的根据”两种表述的运用并未加以区分，所以很难通过表述来判定第 98 条到底否定的是证据能力还是证明力。如果是以不具有关联性而否定其证据能力，那么第 98 条“不具有关联性的鉴定意见不得作为定案根据”的规定似乎能说得通，但随之产生的疑问是，法条为何未规定其他种类证据不具有关联性时的处理方式？虽然根据鉴定意见的规定及证据法的基本理论，我们可以推知，不具有关联性的证据不可采纳，但不能否认，由于关联性规则基本规定的缺失，对不具有关联性的证据的处理是立法上的一大空白，可能纵容将不具有关联性的证据作为定案根据的行为。可如果将“审查”看作是以不具有关联性而否

---

① “本条是指是明确法庭在法庭辩论阶段的角色定位，通过行使庭审指挥权，维护良好的庭审秩序。不过在刑事庭审指挥权时，可以适当行使释明权，尤其对于被告人而言，以此避免其辩论发言出现‘与案件无关、重复或者指责对方’的情形。”江必新主编：《最高人民法院刑事诉讼法司法解释理解与适用》，人民法院出版社 2015 年版，第 689—693 页。“本条实质上是对被告人在庭审过程中最后陈述权行使与保障的规定。合议庭应当充分尊重并保障被告人最后陈述的权利，但是为了保证庭审秩序的严肃权威，提高诉讼效率，对于被告人的重复发言，审判长可以制止；对于本案无关的发言，审判长应当制止。”江必新主编：《最高人民法院刑事诉讼法司法解释理解与适用》，人民法院出版社 2015 年版，第 696 页。

定其证明力，那么第97条与第98条就产生了矛盾。[1] 再如，《高检规则》第62条规定“证据的审查认定，应当结合案件的具体情况，从证据与待证事实的关联程度、各证据之间的联系、是否依照法定程序收集等方面进行综合审查判断”。该条文既是对证据进行综合评判，应该能够体现证据能力和证明力两方面的要求，但显然这里提及的“关联程度”只被当作证明力的审查因素，而未体现作为证据准入门槛的关联性之要求，更严谨的表述或应为“……从证据与待证事实是否具有关联性及其关联程度……进行综合审查判断”。

不过值得一提的是，《高法解释》第247条[2]与排除具有关联性但可能造成诉讼延迟的证据如出一辙，这是关联性规则例外情形的重要内容。而且第247条还明确了证据排除需当事人提出异议，并经法庭审查作出准许或不准许的决定。可见，与其他规定相比，《高法解释》第247条、第262条、第261条更近似英美法系的关联性规则。综上可知，我国刑事诉讼立法中关联性规则的特点为：不仅未明确规定关联性规则，而且由于原则性规定的缺乏，导致作为证据准入门槛的关联性审查法条混杂。

2. 关联性规则的实践检视

由于立法上的关联性规则存在缺陷，所以实践中关联性规则的运用也较为混乱，这主要体现在控方提出的有罪证据因不具有关联性而被排除的十分少见，辩方提出的无罪证据因不具有关联性而不予采纳的却十分常见。导致这种截然相反情形的原因有两点：第一，我国长期以来沿袭了大陆法系的证据法传统，虽然理论中明确证据应当具有“关联性、

---

① 第98条：鉴定意见具有下列情形之一的，不得作为定案的根据：（一）鉴定机构不具备法定资质，或者鉴定事项超出该鉴定机构业务范围、技术条件的；（二）鉴定人不具备法定资质，不具有相关专业技术或者职称，或者违反回避规定的；（三）送检材料、样本来源不明，或者因污染不具备鉴定条件的；（四）鉴定对象与送检材料、样本不一致的；（五）鉴定程序违反规定的；（六）鉴定过程和方法不符合相关专业的规范要求的；（七）鉴定文书缺少签名、盖章的；（八）鉴定意见与案件事实没有关联的；（九）违反有关规定的其他情形。

② 第247条：控辩双方申请证人出庭作证，出示证据，应当说明证据的名称、来源和拟证明的事实。法庭认为有必要的，应当准许；对方提出异议，认为有关证据与案件无关或者明显重复、不必要，法庭经审查异议成立的，可以不予准许。

合法性、客观性”，但实践操作中仍将关联性放在证明力的判断中，侧重通过证据内容与事实之间联系的紧密程度来判断该证据的证明价值，而不是将关联性审查作为证据能力审查的内容；第二，在裁判者已经对案件事实有了基本判定的情况下，辩方提供的无罪证据往往被法官认定为不具有证据价值，于是便以“不具有关联性”为由将该证据予以排除，毕竟辩方提供的证据也很难受到“不具有合法性或客观性”的质证，甚至在许多情况下，“不具有关联性”成为法官不采纳辩方证据的“万能借口”。

与此同时，因忽略证据的关联性而对证据作出错误认定的案件时而有之。司法人员不仅可能将不具有关联性的有罪证据误读为具有关联性的证据，也可能将具有关联性的无罪证据误读为不具有关联性的证据。前者如李春兴错案中的“砍树现场被告所写的纸条”、高进发错案中的品格证据，后者如张高平、张辉错案中被害人指甲内与一陌生男性的混合DNA，于英生错案中现场发现的不属于于英生的陌生指印。前者会导致认定案件事实的证据存在缺陷，而后者将直接导致证据的缺失。对于法官的事实认定来说，将不具有关联性的有罪证据误读为具有关联性证据的可能性更大，因为案卷移送主义容易使法官对案件事实形成预先判断，影响对单个证据关联性的评价。毕竟“在证据法不将某一证据适用问题列入证明对象的情况下，法官在如何裁判甚至是否做出裁判的问题上，都将拥有无限的自由裁量权”①。因此，确立关联性规则有利于指导法官排除与待证事实不具有关联性的证据，从而在一定程度上限制法官的自由心证，防止其肆意品评证据。

（二）证据短缺视角下的关联性规则

笔者以为，从证据短缺的角度出发，我国证据关联性规则的体系化改进应该从两个方面展开：一是完善关联性审查规则，提高法官关联性审查的规范性；二是完善证据收集监督规则，确保关联证据收集固定的全面性。质言之，既要避免证据缺陷，也要预防证据缺失。

---

① 陈瑞华：《刑事证据法的理论问题》，法律出版社2018年版，第20页。

1. 完善关联性审查规则

关联性审查规则包括“规范证据能力的关联性规则”和“规范证明力的关联性规则”两类。鉴于证明力判断属于法官自由心证的内容，且《高法解释》第139条已明确，对证据的证明力，应当从证据与案件事实的关联程度进行审查判断，故应当认为我国已有具备指导意义的“规范证明力的关联性规则”。因而重点在于，如何建立和完善“规范证据能力的关联性规则”？

事实上，建立规范证据能力的关联性规则是十分必要的。首先，在审判制度改革的浪潮下，我国正在原有的纠问式诉讼模式中逐渐引入当事人因素，证据质证越来越成为庭审中的重要内容，而质证的对象就是关联性、合法性和真实性。如果规范证据能力的关联性规则缺失，控辩双方发表的与关联性相关的质证将会失去法律依据，不利于质证程序的展开。其次，证据开示制度为规范证据能力的关联性规则的适用提供了可能。我国之前的诉讼模式与大陆法系相似，所有证据都必须在法庭上接受质证，即使法官当庭作出了排除证据的决定，也无法保证不受被排除证据的影响。而证据开示能够在庭审开始之前对证据进行先前审查，如果证据存在关联性、合法性上的问题，控辩双方就可以在证据开示时提出和解决。所以，证据开示为证据关联性的提前审查提供了条件。最后，混淆作为证据资格的关联性和证明力可能导致证据关联性的误判。在我国法官素质参差不齐、职业素养有待提升的现状下，将证据的关联性完全交由法官进行判断虽然能够增加证据的数量，却存在错误的风险。因此，将关联性作为证据资格进行规制比直接将其作为证明价值因素进行考量更加重要。

建立和完善“规范证据能力的关联性规则”，首先要明确关联性的内涵。立法上证据关联性的概念不明，实践中法官便缺乏关联性审查的标准，容易导致关联性误判。因此，要明确将关联性作为证据准入门槛，使之与影响证据证明力的“关联程度”相区分，避免法官在实践中以真实性或证明价值判断代替关联性判断。值得注意的是，证据的关联性是相对的，同一证据与不同待证事实之间的关联性并不相同。例如，品格证据与某人实施了某行为之间没有太强的关联性，但是与某人的品行之间却具有较强的关联性。[①] 前文提到的李春兴错案中，由李春兴书写的砍树现场的纸条，虽然与“李春兴实施了杀人行为”的关联性不强，无法对其予以证明，但是却可以证明被告人与被害人之间存在矛盾，被告人有杀害被害人的动机。可见，要审查证据与案件是否具有关联性，就要确定证据关联的对象是什么？这里的对象指的是法律上的待证事实。对待证事实的理解，有学者称之为“起诉主张所描述的关于历史事实的命题”[②]，也有学者称之为由实体法和当事人所决定的争议事实，包括争议中的事实、相关事实、间接事实等。[③] 笔者以为，后者的概括更为恰当。规范证据能力的关联性规则的关键就在于法官应当通过审查证据的证明对象来判断其关联性，而不是肆意妄断，将不具有关联性的证据认定为具有关联性，将具有关联性的证据认定为不具有关联性。限制法官对关联性的判断可以通过程序来进行。例如，要求控辩双方在举证时明确阐述证据的内容及其证明目的，准许一方对另一方提出证据关联性的异议等。因此笔者建议在立法中明确“所谓关联性，是指证据的内容有助于查明待证事实发生或者没有发生；[④] 法官应依照逻辑和经验，对证据材料的内容与待证事实是否具有关联性作出判断”。

其次，要改进关联性一般规则。所谓关联性一般规则，是指“具有关联性的证据可采，不具有关联性的证据不可采”的原则性规定。如前所述，英美法系国家大多规定了关联性一般规则，而大陆法系国家的法律则往往没有明示。其实，无论法条中有无这一规则，实践操作中裁判者都会衡量证据的关联性并作出排除或不排除的决定。但明确该原则性规定能够使现有法律规范更加体系化，回应除鉴定意见外的其他证据不具有关联性时如何处理的问题。[⑤] 事实上，最高人民法院颁布的《人民法

① 陈瑞华：《刑事证据法学》，北京大学出版社 2014 年版，第 102 页。

② 魏晓娜、吴宏耀：《诉讼证明原理》，法律出版社 2002 年版，第 125 页。

③ 肖建国：《证据“关联性”的涵义及其判断》，《法律适用》2005 年第 5 期，第 26 页。

④ 陈卫东主编：《模范刑事诉讼法典》，中国人民大学出版社 2011 年版，第 170 页。

⑤ 前文“立法评述”中已提到，《高法解释》中除第 98 条提到鉴定意见与案件事实没有关联的，不得作为定案的根据以外，第 82 条、第 108 条仅将“与案件事实有无关联”纳入物证、书证、视听资料的审查内容，而未体现不具有关联时该如何处理。

院办理刑事案件第一审普通程序法庭调查规程》(以下简称《庭审规程》)第45条第二款已类似关联性一般规则,但却不够准确。该条款规定:“证据与待证事实没有关联,或者证据自身存在无法解释的疑问,或者证据与待证事实以及其他证据存在无法排除的矛盾的,不得作为定案的根据。”显然,“证据与待证事实没有关联”属于证据能力问题,而“证据自身存在无法解释的疑问”或者“证据与待证事实以及其他证据存在无法排除的矛盾”属于证据真实性即证明力问题,三者不能完全等同。现有规定无疑模糊了关联性作为证据准入门槛的价值。因此,笔者建议在立法中将关联性一般规则的法条表述为:“与待证事实具有关联性的证据材料可以采纳,不具有关联性的证据材料不得作为证据使用”。

最后,要补充关联性排除规则。排除关联性的内容包括“证据虽具有关联性但应当排除”和“特定证据的关联性排除”两方面。前者是价值衡量的结果,即虽然某一证据与案件事实具有关联性,但考虑到调查核实该证据可能会导致诉讼延迟,其负面影响已大于自身的证明价值,故出于诉讼效率的考量,应当排除相关证据。对此,我国《高法解释》第247条已有相关规定①,笔者不再赘述。关于“特定证据的关联性排除”需着重强调品格证据用于证明案件事实时一般应当排除。品格证据是指能够反映某个人品质、性格的证据材料。目前我国的法律规范中与品格证据相关的条款仅出现在未成年人刑事案件中。《刑事诉讼法》第279条规定:“公安机关、人民检察院、人民法院办理未成年人刑事案件,根据情况可以对未成年犯罪嫌疑人、被告人的成长经历、犯罪原因、监护教育等情况进行调查。”而根据《高法解释》第575条的规定,对未成年被告人情况的调查报告,以及辩护人提交的有关未成年被告人情况的书面材料,可以作为办理案件和教

---

① 第247条:控辩双方申请证人出庭作证,出示证据,应当说明证据的名称、来源和拟证明的事实。法庭认为有必要的,应当准许;对方提出异议,认为有关证据与案件无关或者明显重复、不必要,法庭经审查异议成立的,可以不予准许。

育未成年人的参考。[①] 那么这里的问题在于，所谓“参考”是否意味着可以作为证据使用？是作为事实认定的“参考”还是量刑的“参考”？[②] 一般刑事案件中应该如何处理与品格相关的证据？现有法律规范对此并未释明。按照一般法理，品格证据应当排除，其原因在于：首先，考虑到个人行为的偶然性，品格证据不能用于证明特定行为与其品格具有一致性；其次，在刑事诉讼中，犯罪嫌疑人（被告人）是否实施犯罪行为是争议焦点，而其品格与其是否犯罪并无太大关联；最后，采纳品格证据，可能造成不公正的偏见和诉讼的拖沓，损害司法公正和诉讼效率。[③] 因此品格证据不能用于证明案件事实的发生与被告人有关。在第一章证据短缺现象的案例解析中，50 起疑案中就有 6 起将品格证据作为认定被告人系凶手的依据。可见，品格证据在实践中的确对司法裁判存在一定影响。

不过，品格证据并非在任何情况下都不可采，当某人的品格本身是争议事实，或者品格证据用于证明言词证据的可信度，再或者品格证据用于证明犯罪的动机、意图时，该品格证据具有关联性。其中，“品格本身是争议事实”是指品格本身是需要争论、证明的对象。比如，当一方提出与某人品格相关的证据时，另一方提出的反驳对方主张的品格证据就具有关联性，因为此时品格是争议的焦点。品格证据与言词证据（主要是证人证言）可信度的关系也十分密切：诚实可靠之人的陈述更能令

① 第 575 条：对未成年被告人情况的调查报告，以及辩护人提交的有关未成年被告人情况的书面材料，法庭应当审查并听取控辩双方意见。上述报告和材料可以作为办理案件和教育未成年人的参考。

② 为了解法官对这两个问题的态度，笔者进行了简单的实证探索，发现实践中对此问题的处理倒是颇为一致。笔者以“未成年人调查报告”为关键词在中国裁判文书网上进行全文搜索，得到 12 篇刑事判决书和 1 篇刑事裁定书，去掉 3 篇重复的判决书，最终得到 10 篇有效的样本文书。通过阅读，上述 10 篇文书无一例外地将未成年人调查报告列入证据，且从“上述事实，有公诉机关当庭宣读和出示的……未成年人调查报告……等证据证实”的表述看，似乎均将未成年人调查报告作为证明案件事实的依据。出现这种情况的原因，要么是裁判文书的说理不够严谨，要么是法官的认知与法律规定出现了背离。

③ 参见王秋荣《证据关联性规则研究》，博士学位论文，复旦大学，2012 年，第 113—114 页。

人信服，虚伪无信之人的陈述往往令人心疑，因此品格证据可以用于证明言词证据的真实性和可信度。另外，被告人与被害人之间存在矛盾的证据等虽然不能证明案件事实的发生与被告人相关，但是一旦被告人被证实确为作案人，这些证据就可以用于证明被告人的作案动机、意图等。可见，品格证据只是无法证明具体场合下人的行为与其品格相关，而排除品格证据的价值在于避免法官受到品格证据内容的影响，产生先入为主的观念，做出错误裁判，但是当品格证据的证明对象发生变化，其仍然存在可以采用的空间。综上，品格证据排除规则是关联性规则的重要组成部分，应当单独列出，其法条规定可以表述为：品格证据不得用来证明某人在具体场合下的行为与其品格具有一致性。[①] 有下列情况之一的，品格证据具有关联性：（1）品格本身是双方争议的焦点事实；（2）用于证明其他证据的可信度时；（3）用于证明动机、机会、意图、计划或故意、过失的主观状态时。同样地，犯罪或特定恶劣行为的证据，例如前科证据等，也不能证明被追诉人的行为具有同一性，应当在法条中予以明确。

2. 完善关联证据收集规范

防范证据短缺，除了运用关联性审查规则避免证据缺陷外，还要通过关联证据收集规则减少证据缺失，发挥关联性规则保留证据的功能。事实上，侦查机关对证据关联性的判断决定了控辩双方调查证据的范围，如果有关联性的证据无法进入法庭，事实认定必然会受到影响。有学者将这种现象称之为“关联性审查”的异位。该学者通过实证调研还发现，许多侦查人员都倾向于根据自身的经验判断放弃对那些他们认为可能具有无罪关联性，但暂时又无法得到其他证据印证的证据继续调查，也不会放入卷宗作为证据资料提交给审查起诉部门和法院。[②] 实证案例显示，侦查人员的确会对证据的关联性产生误读，导致部分对案件事实有证明作用的证据不能进入法庭，造成证据短缺。例如，于英生错案中，现场

① 陈卫东主编：《模范刑事诉讼法典》，中国人民大学出版社2011年版，第217页。

② 杜厚扬：《刑事证据关联性研究》，博士学位论文，武汉大学，2020年，第65页。

发现了不属于于英生的陌生指印，侦查人员当时针对指印排查了与于英生和被害人相关的人员，均没有同一的结果。之后，侦查人员又将指印放在指纹库中比对，仍然一无所获。据此，侦查人员断定这两枚指印与案件无关，也就没有将这两枚陌生指印放入案卷材料中。仅仅因未找到匹配对象就否定了指印与案件发生的关联性无疑是草率的，它将具有双边关联的证据误读为具有单边关联的证据，导致了对案件的错误判断。① 当然，侦查人员误读证据关联性的不止此一例。可以想见，在我国单轨制证据调查模式下，如果在侦查阶段就有许多可能具有关联性的证据受各种因素的影响而没有被收集和固定，那么能够为法官裁判所使用的证据将会大大减少。所以从证据短缺的角度来讲，办案人员应当收集和固定一切与案件事实可能存在关联的证据材料，至于该证据是否具有关联性，是否应当依照关联性规则进行排除都属于法官判断的内容，侦查人员不能代之对其进行预判。

由此，应该完善侦查阶段的关联证据收集规范，以保障关联证据收集的全面性。对此，我国刑事立法已经做了一些努力。例如《刑事诉讼法》第 52 条规定，司法人员应当依照法定程序，收集能够证实犯罪嫌疑人、被告人有罪或者无罪、犯罪情节轻重的各种证据。公安机关的《办理刑事案件程序规定》第 60 条、第 191 条也有类似规定。② 但如前所述，即使条款明确，现实中侦查机关也可能基于犯罪追究的职责定位，而忽视无罪证据、罪轻证据。诚然，我国已建立了一定的“补救机制”，即《高法解释》③ 中要求法院审查有罪、无罪、罪重、罪轻的证据材料是否

---

① 参见何家弘《迟到的正义——影响中国司法的十大冤案》，中国法制出版社 2014 年版，第 291 页。

② 第 60 条：公安机关必须依照法定程序，收集、调取能够证实犯罪嫌疑人有罪或者无罪、犯罪情节轻重的各种证据。必须保证一切与案件有关或者了解案情的公民，有客观地充分地提供证据的条件，除特殊情况外，可以吸收他们协助调查。第 191 条：公安机关对已经立案的刑事案件，应当及时进行侦查，全面、客观地收集、调取犯罪嫌疑人有罪或者无罪、罪轻或者罪重的证据材料。

③ 《高法解释》第 73 条：对提起公诉的案件，人民法院应当审查证明被告人有罪、无罪、罪重、罪轻的证据材料是否全部随案移送；未随案移送的，应当通知人民检察院在指定时间内移送。人民检察院未移送的，人民法院应当根据在案证据对案件事实作出认定。

全部随案移送，且在发现未随案移送时，通知人民检察院移送。[①] 但细细想来，若关联性证据因为侦查或检察机关的“过滤”而未能进入法官视野，法官又如何能够发现它们未被随案移送？或许只能结合案件情况，借助逻辑和经验进行分析。这种单一的途径显然不利于“补救机制”的运行。因此笔者以为，应当以法律规则的形式来保证侦查机关收集、固定所有可能有关联性的证据材料。具言之，立法应当明确，侦查机关在不能确定某一证据是否与案件事实相关时，也将其收集、固定并如实记录下来，从而为法官判断是否存在“未随案移送”的证据材料提供可能。故而，应该将现有《办理刑事案件程序规定》第 209 条[②]予以扩展完善，要求公安机关认真核查证据关联性，对有关证据无论是否采信，都应当如实记录、妥善保管。

---

① 《高检规则》中也要求检察官在审查移送起诉的案件以及履行法律监督职责时，注意证据材料是否全面收集、随案移送。第 330 条规定：“人民检察院审查移送起诉的案件，应当查明：……（五）证明犯罪事实的证据材料是否随案移送……”第 570 条规定：“人民检察院应当对审判活动中是否存在以下违法行为进行监督：（九）依法应当调查收集相关证据而不收集的……”

② 第 209 条：对犯罪嫌疑人供述的犯罪事实、无罪或者罪轻的事实、申辩和反证，以及犯罪嫌疑人提供的证明自己无罪、罪轻的证据，公安机关应当认真核查；对有关证据，无论是否采信，都应当如实记录、妥善保管，并连同核查情况附卷。

第 五 章

证据短缺与合法性规则

证据应当具有合法性是现代刑事诉讼的共识。与关联性规则不同，两大法系都将合法性规则作为审查证据的第一道“门槛”：在英美法系，不具有合法性的证据不可采，也就不能进入法庭调查中；而在大陆法系，不具有合法性的证据属于“证据使用禁止”的范围，无须对其作出证明力的认定。由此看来，合法性规则实际上是刑事诉讼中的普适性规则。虽然合法性规则对证据短缺有利有弊，但却是证据短缺状态下必须设置的规则。我国的合法性规则体系应该由规范性规则和排除性规则两个方面构成。

一 合法性规则概述

（一）证据合法性及合法性规则的含义

合法性并非证据的自然属性，而是立法者基于政策考量人为设置的准入“门槛”,[①] 它是指证据应当符合法定要求。在我国，合法性是证据属性的内容之一，属于证据能力的范畴。有学者甚至直接将证据能力等同于合法性。[②] 证据的合法性包括四个方面的内容：取证主体合法、证据

---

① 参见万毅《论无证据能力的证据——兼评我国的证据能力规则》，《现代法学》2014 年第 4 期，第 140 页。

② 参见陈瑞华《关于证据法基本概念的一些思考》，《中国刑事法杂志》2013 年第 3 期，第 66 页。陈教授认为，证据只有具备证据能力（即合法性）才具有能够转化为定案根据的法律资格，只有具备证明力才能够作为定案根据。证据的证明力包括真实性和相关性两部分。

表现形式合法、取证手段和程序合法、证据的法庭调查程序合法。[①] 对某些特定证据来说，还包括客体的合法性，如鉴定意见中鉴定客体的合法性。只有具备合法性的证据才具备法庭准入资格，才能为法官所采纳，否则应该予以排除。从字面含义看，合法证据的反面是非法证据。《牛津法律辞典》将非法证据定义为："通过非法手段而获取的证据。"而中国《诉讼法辞典》的解释是："不符合法定来源和形式的"或者"违反诉讼程序而取得的"证据材料[②]。显然，后者的外延比前者更为宽泛，它的概念更类似于"不合法证据"。实际上，不合法证据包含了非法证据，非法证据是不合法证据的特殊种类，它特指取证方式存在严重实质性违法，侵犯公民宪法性权利的证据，[③] 也就是《牛津法律辞典》中的概念。因此，从内涵上看，与合法证据相对的应当是不合法证据。

证据的合法性规则，是指"诉讼双方提交法庭的证据必须在证据的主体、形式以及收集、提取证据的程序和手段等方面都符合法律的有关规定，才能采纳为诉讼中的证据，不具备合法性的证据不得采纳"[④]。世界上大多数国家是从禁止层面对不合法证据的排除规则进行规定，却很少从规范层面对合法证据的适用规则进行规定，以至于学者们普遍将合法性规则等同于非法证据排除规则。不过笔者更加认同张栋老师的看法，即排除不合法的证据是合法性规则的核心内容，但是合法性规则不只包括发挥"惩罚"作用的排除规则，还包括部分发挥"形塑"作用的规则，[⑤] 如沉默权规则、不得强迫自证其罪规则、自白任意性规则，以及那些规范取证行为的规则等，这些规则与非法证据排除规则一起，共同构

---

① 参见何家弘、姚永吉《两大法系证据制度比较论》，《比较法研究》2003 年第 4 期，第 57 页。

② 柴发邦：《诉讼法辞典》，四川人民出版社 1989 年版，第 47 页。转引自项谷、张震《刑事证据资格的合法性研究——兼论我国刑事证据规则的完善》，《政治与法律》2010 年第 3 期，第 146 页。

③ 徐月笛：《论物证鉴定意见的合法性——从刑事错案和规范分析两个视角》，《证据科学》2016 年第 4 期，第 440 页。

④ 何家弘、姚永吉：《两大法系证据制度比较论》，《比较法研究》2003 年第 4 期，第 57 页。

⑤ 关于惩罚性规则和形塑性规则，参见张栋《中国刑事证据制度体系的优化》，《中国社会科学》2015 年第 7 期，第 128 页。

成了合法性规则的体系。换言之，合法性规则有广义和狭义两个含义，广义上的合法性规则是用于规范证据合法性的规则，而狭义上的合法性规则特指非法证据排除规则，是否定非法证据之证据资格的规则。

（二）两大法系合法性规则的特点

两大法系合法性规则的表现形式不同。我们以美国和德国为例进行阐述。

1. 以美国为例的英美法系合法性规则

从非法证据排除规则发端的美国来看，排除非法证据是一种对抗国家机关攻击性执法行为的人权保障措施。美国非法证据排除规则的效力源泉是美国宪法第四修正案，该修正案规定“人们保护自己的人身、房屋、文件及财产不受任何无理由搜查和扣押的权利不容侵犯；除非是由于某种正当理由，并且要求有宣誓的支持并明确指出要搜查的地点和要扣押的人物，否则均不得签发搜查证”①。可见该修正案主要发挥两个作用：一是保护公民隐私权不受侵犯；二是约束政府的执法行为，尤其是震慑警察的违宪取证行为。② 1961 年的马普案，使非法证据排除首次完全适用于各州；而 1966 年的米兰达一案则标志着非法证据排除规则在美国的完全确立。20 世纪 70 年代以后，美国的非法证据排除规则日益发展完善，③ 形成了一套以非法证据排除规则为核心，沉默权规则、不得强迫自证其罪规则为辅助的合法性规则体系。在这一规则体系中，沉默权规则、不得强迫自证其罪规则属于“前置式规则”，用于规范警方取证行为，而非法证据排除规则属于“后置式规则”，用于避免非法证据进入法庭。④随着证据法的发展，非法证据排除规则越来越成为“兜底性”规则，因为“前置式规则”已经最大限度避免了不合法证据的产生，所以真正需要排除性规则发挥“惩罚”功能的只是那些“漏网之鱼”，它在具体案件

① 卞建林：《美国联邦刑事诉讼规则》，中国政法大学出版社 1996 年版，第 8 页。

② 参见陈邦达《美国非法证据排除规则之源》，《检察日报》2019 年 3 月 16 日第 3 版。

③ 戴泽军：《证据规则》，中国人民公安大学出版社 2007 年版，第 480—484 页。

④ 参见张栋《中国刑事证据制度体系的优化》，《中国社会科学》2015 年第 7 期，第 146 页。

中往往成为基本权利保障的最后一道防线。而且相对来说，美国的非法证据排除更多侧重于强调非法实物证据的排除，因为言词证据已经存在相对完备的“前置式规则”，因此其重心已经由言词证据转向了实物证据。①

20 世纪 80 年代之后，由于受到犯罪浪潮的冲击，美国开始对排除规则设置例外情形，如“违法污染状态中断的例外”“独立来源的例外”“最终或必然发现的例外”“善意、诚实的例外”等。② 例如，独立来源的例外是指如果派生证据是通过一个与警察的非法行为无关的独立来源而取得，那么该证据可以采纳；最终必然发现的例外是指，如果从案件当时的情况来看，即使没有警察的非法行为，派生证据也必然会被发现，那么该证据也可以采纳。③ 可见，美国的证据排除规则是惩罚犯罪与保障人权之间价值博弈的结果，它根据实践中案件的具体情况逐渐调整，体现了证据规则由僵硬性到精细化发展的态势。因此综合来看，美国合法性规则的特点为前置式规则与后置式规则同时存在，而且前置式规则侧重规范言词证据，后置式规则侧重规范实物证据。

2. 以德国为例的大陆法系合法性规则

在大陆法系国家，证据转化为定案根据的条件为同时具备证据能力和证明力。根据台湾学者林钰雄的归纳，证据能力包括积极要件和消极要件：积极要件是指证据必须经过严格证明的调查程序；消极要件是指以强暴、胁迫等不正当讯问方法所得的证据，不能作为证据使用。④ 所以，具备证据能力的证据必须经过法定调查程序且其取得过程中不存在使用禁止的情形。可见，与美国将合法性审查作为可采性审查的一部分不同，在以德国为代表的大陆法系国家中，合法性基本等同于“证据能力”，即要求证据在取证手段、证据形式、证据调查程序等方面具有证据

---

① 参见张建伟《非法证据缘何难以排除——基于刑事诉讼法再修改和相关司法解释的分析》，《清华法学》2012 年第 3 期。

② 何家弘、刘品新：《证据法学》，法律出版社 2019 年版，第 384 页。

③ 参见孙远《刑事证据能力的法定与裁量》，《中国法学》2005 年第 5 期，第 169 页。

④ 林钰雄：《刑事诉讼法（上）》，中国人民大学出版社 2005 年版，第 424 页以下。

资格。[①] 德国的合法性规则是由一系列“证据禁止”规定构成的，它包括“证据取得禁止”和“证据使用禁止”。前者旨在从程序上对取证方法做出规范性设置，如德国《刑事诉讼法》第 136 条规定了禁止使用的多种取证方式，包括“（一）对被指控人不允许用虐待、疲劳战术、伤害身体、服用药物、折磨、欺诈或催眠方法予以侵犯。只允许在《刑事诉讼法》准许的范围内实施强制。禁止以《刑事诉讼法》不准许的措施相威胁，禁止以法律没有规定的利益相许诺。（二）有损被指控人记忆力、理解力的措施，禁止使用……”[②] 后者则是以成文法、判例的方式对裁判者的证据使用予以规制。[③] 在德国法中，与非法证据排除规则相对应的是“证据使用禁止”。可见，德国法中的合法性规则侧重于规定证据调查应该遵循的程序，即对证据的审查加以严格的程序规范。证明实体事实的证据材料若要取得证据能力（即合法性），应当首先不属于证据使用禁止的范围，然后必须经过严格证明的合法调查程序，“证据取得禁止”的适用优先于“证据使用禁止”。可见，德国合法性规则的特点在于，规范性规则与排除性规则共存，证据的合法性调查在审查判断证据的过程中占据重要位置。

（三）合法性规则的功能与证据短缺

在我国，排除不合法证据的目的主要是避免证据的不真实性——大量的刑事错案显示，那些通过不合法的方式取得的证据存在造假、篡改的极大可能性。最典型如通过刑讯得来的被告人口供。早在汉代，学者路温舒就曾作出“捶楚之下，何求不得”的评论，说明古时人们已经意识到通过刑讯得来的口供、陈述等存在真实性不足的危险，影响事实真相的发现。因此，合法性规则设立的理论基础之一就是刑事诉讼中发现真实的目的。相反，具有真实性但不具有合法性的证据不能为裁判者所使用，这体现了合法性规则设立的另一理论基础，即规制不合法取证行

① 参见陈瑞华《关于证据法基本概念的一些思考》，《中国刑事法杂志》2013 年第 3 期，第 60 页。

② 李昌珂：《德国刑事诉讼法典》，中国政法大学出版社 1995 年版，第 66—67 页。

③ 参见汪建成《论刑事证据的多重视角》，《中外法学》2004 年第 3 期，第 8 页。

为，保障被追诉人的权利，维护法律运行秩序，防范国家权力的滥用。[①]在英美法系国家，与发现真实相比，保障权利、维护秩序才是设立合法性规则的根本目的。

正如上文所讲，合法性规则的功能：一为“惩罚”；二为“形塑”。“惩罚性”功能主要体现在非法证据排除规则上，其作用的发挥可以有“显性效果”和“隐形效果”两种。从“显性效果”来看，非法证据排除规则是裁判者审查证据的依据，能够明确告知裁判者什么样的证据材料不能进入法庭或不能作为证据使用，这是最为大众所熟知的作用。毋庸置疑，对于那些不合法的证据，排除规则是一种严厉的制裁手段，它的适用意味着，无论控方还是辩方，都应当承担“未按法律规定取证、举证”的不利后果。有学者也将非法证据排除规则的这种制裁作用称为“程序性制裁”。[②] 非法证据排除规则避免了不合法的证据进入法庭，有利于保证采纳证据的质量，但同时，它也使某些真实而不合法的证据无法为裁判者所使用，造成证据数量的减少，阻碍事实的发现。

从“隐形效果”来看，非法证据排除规则能够发挥“反向激励作用”，促进取证、举证行为的规范性，这一作用与合法性规则的“形塑”功能颇为相似。因为非法证据排除规则在制裁不规范的取证、举证行为的同时，能够促使控辩双方合法地收集并提交证据。基于证据短缺的相关理论，这种“隐形效果”的意义在于，虽然就个别案件来讲，非法证据排除规则的适用造成了证据数量的减少，但它能够激励合法取证、举证行为，促使更多合法证据产生并进入裁判者的视野——这是排除性规则长期效益的体现。

非法证据排除规则的激励作用可以用经济学中“成本—收益”的理论进行解释。以刑讯逼供为例说明。通常来讲，当违法者通过违法得到的收益大于违法的成本，即违法行为受到的惩罚小于违法所得时，违法行为就会产生。[③] 刑讯逼供就是在“收益大于成本”的情况下侦查人员理

---

① 参见万毅《论无证据能力的证据——兼评我国的证据能力规则》，《现代法学》2014 年第 4 期，第 139 页。

② 参见陈瑞华《程序性制裁制度的法理学分析》，《中国法学》2005 年第 6 期，第 151 页。

③ 冯玉军：《法经济学范式》，清华大学出版社 2009 年版，第 462 页。

性选择的结果。刑讯逼供的成本低体现在：通过刑讯逼供获取口供比其他方式获取证据所耗费的资源更少、办案人员实施刑讯逼供后受到制裁的可能性小，错误成本不大，而刑讯逼供的收益之高也很明显。首先，由于犯罪嫌疑人、被告人口供中包含了近乎完整的事实信息，不仅其本身能够帮助认定案件事实，而且办案人员也容易通过供述，较快找到隐藏的其他间接证据，从而形成完整的证据链，达到“事实清楚、证据确实充分”① 的程度后移送审查起诉。其次，在众多办案人员的观念中，拿到“口供”就相当于破案，案子定了，才能起到打击犯罪、震慑犯罪、给民众交代的效果。最后，在“命案必破”等政策环境下，于规定时间内侦破案件，尤其是大案要案，办案人员还能或立功，或受奖，或晋升，实现个人利益。因此，对司法人员来说，与其花费大量人力、物力、财力和时间而收集不到足够的证据定案，不如采取些“特殊手段”，从犯罪嫌疑人、被告人下手突破证据，尽快完成案件的侦办。所以，刑讯逼供行为的产生正是因为侦查人员对于非法取证行为“有恃无恐”，当其非法取得的证据能够不受影响地运用于事实认定时，其选择刑讯逼供行为的可能性就会提高。但是，如果非法获取的证据都能够按照规则被依法排除，那么侦查人员就没有动力继续采取刑讯逼供，因为它对于控方所追求的诉讼结果来说，不会产生任何收益。② 可见，非法证据排除规则增加了非法取证行为的错误成本，降低了它的收益，使侦查人员通过刑讯逼供得到的证据无法“畅通无阻”，有利于促使侦查人员规范其取证行为。当然，这里所说取证行为的不合法不仅能适用于侦查机关，也同样能适用于辩方的证据调查。

合法性规则中的沉默权规则、自白任意性规则等更多表现出的是“形塑”功能，即直接从规范层面限制警方的取证行为，避免违背被追诉人意愿强制取证现象。当然，赋予被追诉人完全依自愿性进行供述的权利，可能会使刑事诉讼中缺少证明价值最强的被告人口供，造成实际案

① 《刑事诉讼法》第 162 条第一款规定：“公安机关侦查终结的案件，应当做到犯罪事实清楚，证据确实、充分，并且写出起诉意见书，连同案卷材料、证据一并移送同级人民检察院审查决定；同时将案件移送情况告知犯罪嫌疑人及其辩护律师。”

② 樊传明：《论证据排除规则的激励功能》，《证据科学》2013 年第 1 期，第 100 页。

件事实认定中证据的短缺。但是，这一做法同时避免了定案证据所可能具有的短缺性——因为相对于具有合法性的证据而言，不具有合法性的证据在符合法律规范方面是短缺的。综上所述，在合法性规则中，不管是具有“惩罚”功能的排除性规则，还是具有“形塑”功能的规范性规则，于证据短缺来说都是有利有弊的：它们一方面造成了全案证据的短缺，可能妨碍事实真相的发现；另一方面又阻碍了存在短缺的证据进入法庭，避免了单个证据的短缺；同时从长远来看，它们还将促使更多合法证据的产生和使用。因此，合法性规则虽是人为为证据设置的门槛，但即使是在证据短缺的视角下，也毫无疑问存在设置的必要。

二 证据短缺与我国合法性规则的构建

（一）我国合法性规则体系的弊端

我国刑事诉讼中非法证据排除规则的确立是在2010年“两个规定”出台之后。当时，刑事错案被大量曝光，刑讯逼供以及由其导致的虚假被告人口供引起了人们的重视。因此，非法证据排除规则的确立，一方面是为了减少刑讯逼供行为，另一方面是为了避免虚假的被告人口供对案件事实认定产生影响。在刑事错案因素的影响下，非法证据排除规则中保障证据真实的目的大过了规范取证行为的目的。但是不可否认，非法证据排除规则自确立以来，的确在实践中发挥了重要作用。有学者在对1459个刑事案例进行分析后认为，不仅非法证据排除案例明显增加，且因排除非法证据而认定被告人无罪的案件数量也有上升。[①] 然而，虽然2018年《刑事诉讼法》详细规定了规则的适用程序，但实践中非法证据排除规则的适用仍存在不少问题。例如，被告人当庭提出存在刑讯逼供等非法取证行为时，往往很难按照法律规定提供“线索”或“证据”，导致法庭对非法取证行为的调查不了了之。再如，存在“真实故合法”的论证模式，即当被告人口供能与其他证据相印证、能够确定其真实性时，

① 参见易延友《非法证据排除规则的中国范式——基于1459个刑事案例的分析》，《中国社会科学》2016年第1期。

法庭便直接断定其取得程序合法等。有学者提出，非法证据排除规则的适用受限与合法性规则的体系有关。[①] 因为非法证据排除规则的根本作用在于规范侦查人员的取证行为，避免虚假口供只是对取证行为进行限制的附加结果，而非主要目的。是故，非法证据调查的核心是“公权力机关取得该证据的行为这一程序性事实，至于排除证据，则仅仅是对该事实的调查得出结论之后，一个可能产生的程序法后果”[②]。笔者对此表示认同。侦查人员之所以刑讯，是因为对口供的过分依赖，而这种依赖主要是证据制度体系不健全所致，比如取证规则的缺乏。因此，在缺少规范取证行为的法律条款之情况下，单纯要求侦查人员不去刑讯是不合理的，既然如此，也就难以对因刑讯造成的非法口供进行限制。因此，我国合法性规则存在的最大弊端在于规则体系的不健全，过分强调非法证据排除规则，而忽略了规范取证行为合法的规则建设。

其实，《刑事诉讼法》第 52 条中规定的“不得强迫任何人证实自己有罪”已包含了英美法系中不得强迫自证其罪规则的价值。但遗憾的是，《刑事诉讼法》及《高法解释》并未对该条款进行更加细致的阐述。而且，其第 120 条中的“应当如实回答”规定了犯罪嫌疑人如实回答侦查人员提问的义务。显然，该规定与第 52 条中的“不得强迫任何人证实自己有罪”相互冲突，前者强调了义务，而后者却赋予了犯罪嫌疑人自愿回答讯问的权利。这体现了我国立法者和司法者思想上的矛盾：既想尊重犯罪嫌疑人的权利，又害怕赋予犯罪嫌疑人权利后可能出现无法取得口供的后果——归根结底，还是过分依赖口供的思想在作祟。而且，我国刑事诉讼法律中也没有规定沉默权，只是在第 120 条中赋予犯罪嫌疑人拒绝回答与案件无关问题的权利。可见，在合法性规则体系中，目前的法律规定不仅在取证行为的规范上存在空白，而且存在不少矛盾的地方。其实，就合法取得犯罪嫌疑人的供述来说，在侦查阶段赋予犯罪嫌疑人保护自身利益的权利，效果会比在审判阶段排除非法取得的口供更好，

---

① 参见张栋《中国刑事证据制度体系的优化》，《中国社会科学》2015 年第 7 期，第 135 页。

② 孙远：《非法证据排除的裁判方法》，《当代法学》2021 年第 5 期，第 53 页。

而我国现阶段在这一点上的规定显然不足。当然，我们没有必要照搬美国的沉默权、反对强迫自证其罪原则等，设置适合目前国情的相关规则和制度才是正确的路径。例如，即使不赋予被告人沉默权，但允许讯问时辩护人在场也同样能避免非法讯问行为。

（二）证据短缺视角下的合法性规则

针对司法证明中证据短缺的客观现象，裁判者的认证目的应当在于排除不适格的证据，并尽可能多地保留适格证据为事实认定所用。所以就证据短缺来说，证据规则既需要发挥排除作用，也需要发挥包容作用，以达到“发现真实”的目的。笔者以为，在合法性规则的设置中，其实处处体现了“价值衡量”的结果。一方面，那些被排除的不合法证据可能是真实的，自然会妨碍准确认定事实——这是司法证明中发现真实与公平正义的博弈；另一方面，在某些特定情形下，“合法性”也需要让位于发现真实的目的，以此保留证据，帮助事实裁判。基于此，合法性规则应当包括“排除规则”和“包容规则”。

1. 合法性规则中的排除规则

排除不合法证据最重要的价值在于通过排除，督促诉讼双方，尤其是公权力一方在收集、固定证据时必须遵守法律规定。我国一直以来采用单轨制证据调查模式，侦查机关掌握着收集、固定证据的权力，并在证据调查过程中发挥着主导作用。与之相比，人身不自由的犯罪嫌疑人（被告人）较难收集到证据，而辩护人的调查取证权又往往受限，因此辩方在取证过程中明显居于劣势地位。显然，设置排除规则，能够通过否定证据效力，达到规范取证程序、提高证据质量的目的。

在我国，排除规则包括两类：非法证据排除规则和不合法证据排除规则。前者是指《刑事诉讼法》第56条所确立的非法言词证据和非法实物证据排除规则；后者则是指以《高法解释》第89条等为代表的一系列排除规则，其表述多为“不得作为定案的根据”。非法证据排除规则和不合法证据排除规则的区别在于，二者规定中的违法内容不同、取证行为违法的程度不同。非法证据排除规则中的违法主要是指取证手段的违法，而且违法取证行为系严重实质性违法，它侵犯了公民的宪法性权利；不合法证据排除规则中的违法不仅包括取证手段的违法，还包括取证主体、取证程序的违法，而且就违法取证行为来说，其往往是程序性违法，即违反了《刑事诉讼法》第二编第二章的第二节至第八节所规定的规范；违法侵害的是公民的一般权利，而非宪法性权利。与瑕疵证据补正规则不同，非法证据排除规则和不合法证据排除规则都是绝对排除，不存在法官自由裁量的空间。因此，一旦庭审中的证据出现了条文中规定的情形，法官应当直接否定其作为证据的资格。① 我国合法性规则中的排除规则如表 5－1，它存在两点不足之处：一是“有漏洞”；二是“有歧义”。

表 5－1　　我国刑事诉讼立法中的排除规则

<table>
<tr><th>规则分类</th><th colspan="2">现有规定</th></tr>
<tr><td rowspan="3">非法证据排除规则</td><td>刑事诉讼法</td><td>第 56 条：采用刑讯逼供等非法方法收集的犯罪嫌疑人、被告人供述和采用暴力、威胁等非法方法收集的证人证言、被害人陈述，应当予以排除。收集物证、书证不符合法定程序，可能严重影响司法公正的，应当予以补正或者作出合理解释；不能补正或者作出合理解释的，对该证据应当予以排除。</td></tr>
<tr><td rowspan="2">司法解释</td><td>第 123 条：采用下列非法方法收集的被告人供述，应当予以排除：（一）采用殴打、违法使用戒具等暴力方法或者变相肉刑的恶劣手段，使被告人遭受难以忍受的痛苦而违背意愿作出的供述；（二）采用以暴力或者严重损害本人及其近亲属合法权益等相威胁的方法，使被告人遭受难以忍受的痛苦而违背意愿作出的供述；（三）采用非法拘禁等非法限制人身自由的方法收集的被告人供述。</td></tr>
<tr><td>第 124 条：采用刑讯逼供方法使被告人作出供述，之后被告人受该刑讯逼供行为影响而作出的与该供述相同的重复性供述，应当一并排除，但下列情形除外：……</td></tr>
</table>

① 对于不合法证据排除规则中“不得作为定案根据”的表述，官方给出的解读是，其与“不得作为证据使用”含义相同。但笔者以为，否定了证据的合法性便否定了证据的资格，因此在不合法证据排除规则中应当采取“不得作为证据使用”的表述。《刑事诉讼法》及《高法解释》中存在的语言表述混乱不止此一处，但本文不作集中论述，仅在有所涉及的地方进行阐释。“官方解释”参见张军主编《刑事证据规则理解与适用》，法律出版社 2010 年版，第 52 页；最高人民法院刑事审判第三庭编著《刑事证据规则理解与适用》，法律出版社 2010 年版，第 51—52 页。

续表

规则分类		现有规定
非法证据排除规则	司法解释	第125条：采用暴力、威胁以及非法限制人身自由等非法方法收集的证人证言、被害人陈述，应当予以排除。
		第126条：收集物证、书证不符合法定程序，可能严重影响司法公正的，应当予以补正或者作出合理解释；不能补正或者作出合理解释的，对该证据应当予以排除。认定“可能严重影响司法公正”，应当综合考虑收集证据违反法定程序以及所造成后果的严重程度等情况。
不合法证据排除规则	司法解释	第86条第一款：在勘验、检查、搜查过程中提取、扣押的物证、书证，未附笔录或者清单，不能证明物证、书证来源的，不得作为定案的根据。
		第89条：证人证言具有下列情形之一的，不得作为定案的根据：（一）询问证人没有个别进行的；（二）书面证言没有经证人核对确认的；（三）询问聋、哑人，应当提供通晓聋、哑手势的人员而未提供的；（四）询问不通晓当地通用语言、文字的证人，应当提供翻译人员而未提供的。
		第94条：被告人供述具有下列情形之一的，不得作为定案的根据：（一）讯问笔录没有经被告人核对确认的；（二）讯问聋、哑人，应当提供通晓聋、哑手势的人员而未提供的；（三）讯问不通晓当地通用语言、文字的被告人，应当提供翻译人员而未提供的；（四）讯问未成年人，其法定代理人或者合适成年人不在场的。
		第98条：鉴定意见具有下列情形之一的，不得作为定案的根据：（一）鉴定机构不具备法定资质，或者鉴定事项超出该鉴定机构业务范围、技术条件的；（二）鉴定人不具备法定资质，不具有相关专业技术或者职称，或者违反回避规定的；（三）送检材料、样本来源不明，或者因污染不具备鉴定条件的；（四）鉴定对象与送检材料、样本不一致的；（五）鉴定程序违反规定的；（六）鉴定过程和方法不符合相关专业的规范要求的；（七）鉴定文书缺少签名、盖章的；（八）鉴定意见与案件事实没有关联的；（九）违反有关规定的其他情形。
		第105条：辨认笔录具有下列情形之一的，不得作为定案的根据：（一）辨认不是在调查人员、侦查人员主持下进行的；（二）辨认前使辨认人见到辨认对象的；（三）辨认活动没有个别进行的；（四）辨认对象没有混杂在具有类似特征的其他对象中，或者供辨认的对象数量不符合规定的；（五）辨认中给辨认人明显暗示或者明显有指认嫌疑的；（六）违反有关规定，不能确定辨认笔录真实性的其他情形。

续表

规则分类	现有规定	
不合法证据排除规则	司法解释	第 109 条：视听资料具有下列情形之一的，不得作为定案的根据：…… （二）制作、取得的时间、地点、方式等有疑问，不能作出合理解释的。
		第 114 条：电子数据具有下列情形之一的，不得作为定案的根据：（一）系篡改、伪造或者无法确定真伪的；（二）有增加、删除、修改等情形，影响电子数据真实性的；（三）其他无法保证电子数据真实性的情形。
		第 144 条：证明被告人自首、坦白、立功的证据材料，没有加盖接受被告人投案、坦白、检举揭发等的单位的印章，或者接受人员没有签名的，不得作为定案的根据。

（1）“有漏洞”

这主要体现在关于不合法的鉴定意见和不合法的视听资料、电子数据的规定空白上。《刑事诉讼法》第 56 条第一款中的前半句，[①] 确立了包括被告人供述、证人证言、被害人陈述在内的非法言词证据强制性排除规则；而后半句[②]则是确立了非法实物证据的自由裁量排除规则。毋庸置疑，鉴定意见具有言词证据的属性，是鉴定人根据鉴定、检验结果对被检物证发表的观点、看法，是一种主观意思表示。根据非法证据排除规则，应适用强制性排除。但是第 56 条对于言词证据的排除只提及了“被告人供述、证人证言和被害人陈述”，没有鉴定意见排除的直接性规定。《高法解释》第 98 条虽然列举了鉴定意见“不得作为定案根据”的 9 种具体情形，但对于该条的理解，学者们的观点并不相同。有学者认为

① 即“采用刑讯逼供等非法方法收集的犯罪嫌疑人、被告人供述和采用暴力、威胁等非法方法收集的证人证言、被害人陈述，应当予以排除”。在侦查、审查起诉、审判时发现有应当排除的证据的，应当依法予以排除，不得作为起诉意见、起诉决定和判决的依据。（第二款）

② 即“收集物证、书证不符合法定程序，可能严重影响司法公正的，应当予以补正或者作出合理解释；不能补正或者作出合理解释的，对该证据应当予以排除”。

“不将其作为定案的根据，主要是从证明力角度的考量，解决的是证据的真实性、可靠性问题”,[①] 自然就不是非法证据排除规则所规制的证据能力范围；也有学者认为“不得作为定案的根据”是“非法证据排除的核心内涵”，属于“事实上排除的范围”，《刑事诉讼法》的直接性规定与《高法解释》的间接性规定相结合，实际上“扩大了非法证据排除的立法内涵”[②]。笔者以为，“不得作为定案根据”的表述本身就有弊端，它混淆了证据能力和证明力的审查，而且就第98条的内容来看，其的确既包含了对合法性的审查，如强调取证过程、方式不得存在侵犯公民基本权利的非法行为，也包含了对证明力中真实性的审查。所以，第98条的规定并不足以填补立法对鉴定意见合法性规定的空白。另外，立法同样没有对作为实物证据的视听资料、电子数据的合法性进行规定，但不可否认，视听资料、电子数据的取得也存在非法取证的情形。甚至，在电子数据不得作为定案根据的情形中，都没有列举不合法取证的情形。——《高法解释》第114条第一项“系篡改、伪造或者无法确定真伪的”和第二项“有增加、删除、修改等情形，影响电子数据真实性的”，都是从真实性角度出发进行的规范，而没有直接与取证行为相联系。由此可见，一方面，我国非法证据排除规则的规范对象具有明显的局限性；另一方面，“不得作为定案根据”的规范情形存在取证行为不合法与证据不真实的混杂。

（2）“有歧义”

毋庸置疑，非法言词证据应当适用强制性排除规则，但是非法实物证据适用的是自由裁量排除规则还是瑕疵补正规则却因法条表述不清而产生了歧义。根据《刑事诉讼法》对非法实物证据的规定，只有非法取得的物证、书证“严重影响司法公正”，且“未能作出补正或合理解释”的才予以排除。这是否意味着，如果物证、书证“严重影响司法公正”，

---

① 闵春雷：《非法证据排除规则适用范围探析》，《法律适用》2015年第3期，第8页。

② 程雷：《非法证据排除规则规范分析》，《政法论坛》2014年第6期，第184页。文章此说法主要针对的是被告人供述、证人证言和被害人陈述。

但在能“作出补正或合理解释”的情况下，仍然无须排除而可以作为证据使用？显然，该条款的表述混淆了自由裁量排除规则和瑕疵补正规则。通说认为，非法实物证据应当适用自由裁量排除规则。各个国家的做法一贯如此，非法证据不能补正也是我国证据法理论上的共识。通过前文对证据短缺表现的分析不难看出，在实际案件中，实物证据的数量不仅远少于言词证据，还容易毁坏、灭失，但其对证明案件事实来说却无可替代，诸如现场遗留的犯罪嫌疑人指印或犯罪嫌疑人身上滴溅的被害人血迹等证据，往往是认定事实的关键性证据。因此，尽可能地保留实物证据将缓解证据短缺的状态，有利于案件事实的认定。从这个角度出发，我们能够理解立法者将“严重影响司法公正”作为考量是否排除证据的因素之一。但是，为非法实物证据打开缺口，将是否“严重影响司法公正”纳入法官自由裁量的范围，并不意味着取证程序违法的实物证据都可以采用，那些通过严重违反法定程序且损害公民宪法性权利的手段取得的实物证据仍然应当排除。①

2. 合法性规则中的“包容”规则

瑕疵证据补正规则最早出现在“两个证据规定”中，有学者认为，该规则否认了证据规则“排除或采纳这种全有全无的游戏规则”，是对不合法证据的第三种处理方式。② 也有学者将我国的非法证据排除规则分为强制性排除规则、裁量排除规则和可补正的排除规则三种③，瑕疵证据补正规则即是第三种“可补正的排除规则”。的确，瑕疵证据补正规则带有“排除规则”的性质，因为如果瑕疵证据得不到补正或者合理解释，法官就可以对其作出“排除”的决定。不过同时，瑕疵证据补正规则也为控辩双方（主要是控方）提供了补救瑕疵证据的机会，赋予本不具有证据能力的证据以证据能力。从避免证据短缺的角度来看，其很大程度上发挥了“保留证据”的作用，因为瑕疵证据的立法本意就是在不影响证据

---

① 参考陈卫东主编《模范刑事诉讼法典》，中国人民大学出版社 2011 年版，第 207 页。

② 牟绿叶：《论可补正的排除规则》，《中国刑事法杂志》2011 年第 9 期，第 1 页。

③ 陈瑞华：《非法证据排除规则的中国模式》，《中国法学》2010 年第 6 期，第 2 页。

价值的情况下采用那些带有“原本可以避免的错误”的证据。因此，应当将其视作“包容性规则”。

（1）正确理解瑕疵证据补正规则的内涵

证据的瑕疵主要包括取证主体的瑕疵、取证行为的瑕疵、取证过程的瑕疵和证据表现形式的瑕疵四个方面。[①] 瑕疵证据之所以在补正或合理解释后可以采用，根本原因是，在证据资源有限的前提下，瑕疵证据对案件事实的证明价值大于其因欠缺合法性要件而使法秩序价值所遭受的损害。[②] 这正是比例原则的体现。根据法律规定和理论研究，瑕疵证据只存在技术性违法，并没有严重侵害公民权益，或者没有“严重违反国家基本法律秩序的实质性程序规范”[③]，有些只是表现为形式不合法，在文书记载上略有瑕疵。[④] 所以，如果瑕疵证据得到了补正或合理解释，并且法官认为该证据的真实性并未因瑕疵受到影响，就可以采用该证据。笔者以为，“瑕疵”包括“形式上的瑕疵”和“实质上的违法”两种情况，二者在论述上略有不同。综观瑕疵证据补正规则的规定可以发现，条文所列举的情形大多体现在“文书的不完整、不适当”上，这是一种“形式上的瑕疵”，而取证过程中是否真的存在不合法的行为、是否真的侵犯了被取证人的合法权益，即存在“实质上的违法”，正是瑕疵证据需要“补正”和“合理解释”的内容。如果瑕疵证据并未出现“实质上的违法”而只是存在“形式上的瑕疵”，意味着取证过程中不存在真正的违法，因此瑕疵证据自始具有合法性。如果瑕疵证据确实出现了“实质上的违法”，确实一定程度上损害了被取证人的合法权益，那么当该“实质性违法”所侵害的法益较小、后果不严重，而证明价值又较大时，该证据便被赋予了“拟制的合法性”。

不少学者认为，瑕疵证据补正规则是用证据的真实性弥补了证据合

---

① 牟绿叶：《论可补正的排除规则》，《中国刑事法杂志》2011 年第 9 期，第 2 页。

② 李昌林、王景龙：《论可补救的排除规则》，《现代法学》2013 年第 6 期，第 130 页。

③ 陈瑞华：《论瑕疵证据补正规则》，《法学家》2012 年第 2 期，第 76 页。

④ 徐月笛：《论物证鉴定意见的合法性——从刑事错案和规范分析两个视角》，《证据科学》2016 年第 4 期，第 441 页。

法性的不足，这种将真实性作为合法性补偿的做法体现了立法的实用主义理念。也因此有学者提出，瑕疵证据补正规则实际上是真实性对合法性浸染和侵蚀的结果——瑕疵证据具有真实性时便具有合法性，不具有真实性时便不具有合法性，继而将瑕疵证据补正规则纳入保障真实性的规则中。[①] 甚至官方在对法条进行解释时也指出，这些规则的设立就是在衡量真实性的基础上对合法性的限制。[②] 对此，笔者不敢苟同。虽然笔者认同真实性在判断瑕疵证据时能够发挥重要作用，但是这里对“真实性”的判断并不能代替对证明力中“真实性”的判断。所谓的真实性未受取证瑕疵影响是指证据的真实性未因取证过程、方法、手段等的违法性而受到影响。在瑕疵证据得到补正或者合理解释之后，其依然要接受法官对其真实性的审查。例如，在非法定询问地点询问得到的虚假证人证言，如果证人最初就已经打算作伪证，那么其证言真实与否和询问地点的选择并无必然联系，在侦查人员就选择非法定询问地点作出合理解释后，法官可以采纳该证言，但仍然需要对证言的真实性进行审查，否则直接采信该虚假证言将会导致不公正的判决。而且，瑕疵证据补正规则仍然是围绕证据的合法性规定的，它与本书第六章中提到的“真实性规则”目的明显不同。前者是为了补正证据的合法性，而后者则是为了保障证据的真实性。因此，笔者认为将补正或者合理解释看作法律赋予瑕疵证据的“拟制合法性”更为合理，因为它们只是证据能力层面的补救和修正，不能代替法官对证据真实性的审查判断，自然就不能将其归入真实性规则中。

（2）瑕疵证据补正规则的条文分析

目前我国《刑事诉讼法》及《高法解释》中关于瑕疵证据补正规则的条文见表 5－2。

---

① 参见纵博《证明力反制证据能力论》，《中国刑事法杂志》2014 年第 4 期，第 73 页。

② 参见张军主编《刑事证据规则理解与适用》，法律出版社 2010 年版，第 52—53 页。

表 5-2　　　　我国刑事诉讼立法中的瑕疵证据补正规则

	现有规定
司法解释	第 86 条第二款：物证、书证的收集程序、方式有下列瑕疵，经补正或者作出合理解释的，可以采用：（一）勘验、检查、搜查、提取笔录或者扣押清单上没有调查人员或者侦查人员、物品持有人、见证人签名，或者对物品的名称、特征、数量、质量等注明不详的；（二）物证的照片、录像、复制品，书证的副本、复制件未注明与原件核对无异，无复制时间，或者无被收集、调取人签名的；（三）物证的照片、录像、复制品，书证的副本、复制件没有制作人关于制作过程和原物、原件存放地点的说明，或者说明中无签名的；（四）有其他瑕疵的。第三款：物证、书证的来源、收集程序有疑问，不能作出合理解释的，不得作为定案的根据。
	第 90 条：证人证言的收集程序、方式有下列瑕疵，经补正或者作出合理解释的，可以采用；不能补正或者作出合理解释的，不得作为定案的根据：（一）询问笔录没有填写询问人、记录人、法定代理人姓名以及询问的起止时间、地点的；（二）询问地点不符合规定的；（三）询问笔录没有记录告知证人有关权利义务和法律责任的；（四）询问笔录反映出在同一时段，同一询问人员询问不同证人的；（五）询问未成年人，其法定代理人或者合适成年人不在场的。
	第 95 条：讯问笔录有下列瑕疵，经补正或者作出合理解释的，可以采用；不能补正或者作出合理解释的，不得作为定案的根据：（一）讯问笔录填写的讯问时间、讯问地点、讯问人、记录人、法定代理人等有误或者存在矛盾的；（二）讯问人没有签名的；（三）首次讯问笔录没有记录告知被讯问人有关权利和法律规定的。
	第 103 条：勘验、检查笔录存在明显不符合法律、有关规定的情形，不能作出合理解释的，不得作为定案的根据。
	第 113 条：电子数据的收集、提取程序有下列瑕疵，经补正或者作出合理解释的，可以采用；不能补正或者作出合理解释的，不得作为定案的根据：（一）未以封存状态移送的；（二）笔录或者清单上没有调查人员或者侦查人员、电子数据持有人、提供人、见证人签名或者盖章的；（三）对电子数据的名称、类别、格式等注明不清的；（四）有其他瑕疵的。

需要说明的是，解释第 103 条虽然采用了“不得作为定案根据”的表述方式，但其暗含的是“如果勘验、检查笔录存在明显不符合法律、有关规定的情形，但是得到了合理解释或说明，那么该证据可以为法官所使用”，所以从本质上讲，其与前面三条并没有区别，只是换了一种表述方式。当然，为保持条文一致性，便于实务人员的理解，笔者以为该

条文也应当采用上述三条的表达方式。

从表 5－2 能够看出，瑕疵证据补正规则的规定中存在两个缺陷。其一，司法解释仅对物证、书证、证人证言、讯问笔录、电子数据和勘验、检查笔录的补正情形进行了规定，而鉴定意见等其他法定形式的证据是否存在补正情形，或者遇有违法取证情况是否应当一律排除？法律并没有予以解答。而一旦提出“物证客体可补正与物证鉴定意见不可补正相矛盾”这样的命题，只能采取“妥协式”的回答，即鉴定中的物证应该适用比其他物证更为严格的“瑕疵”标准，该瑕疵只能是对物证的性状不产生影响、不影响鉴定的正常进行及鉴定结果的。[①] 其二，第 86 条第二款第（一）项中“对物品的名称、特征、数量、质量等注明不详”的事由存在不合理之处。首先，这里的“物品”是狭义上的物品，还是包含痕迹物证、化学物证、生物物证等在内的广义物品我们不得而知；其次，如果将其理解为广义上的物品，笔者认为，现场勘验、检查找到的物证的特征、数量、质量等都是物证审查判断的重点，若记载不清，将是无法补正的。例如，美国辛普森案件中，辩护人曾就检方提取的血量与用于鉴定的血量及剩余血量核对不上而提出合理怀疑，认为它无法排除检方有将部分血液用于伪造证据的可能。在这里，“数量”就成为审查证据的关键因素。况且，物证本就是以其外形特征帮助呈现案件事实的证据，其名称、特征、数量、质量等注明不详，无疑增加了错误审查的风险。因此，这里将物证的“特征、数量、质量”作为补正的事由并不妥当。[②]

另外，应当强调的是，由于打开“形式上合法性瑕疵”的缺口，有可能纵容侦查机关取证不规范的行为，因此要对“补正”或“合理怀疑”的方式进行严格限制。不能侦查机关草草出个说明，或者一句“我忘了”等就轻易蒙混过关。法官对控方的补正或合理解释需要谨慎裁量：要么要求侦查人员出庭作证描述当时的情况，并与其他证据进行印证，如由

① 关于物证客体可补正与物证鉴定意见不可补正的分析，参见徐月笛《论物证鉴定意见的合法性——从刑事错案和规范分析两个视角》，《证据科学》2016 年第 4 期，第 442 页。

② 徐月笛：《论物证鉴定意见的合法性——从刑事错案和规范分析两个视角》，《证据科学》2016 年第 4 期，第 442—443 页。

被告人质证该情况是否属实；要么要求控方提出其他证据进行证明，如取证过程有录音录像、见证人的；要么要求侦查机关重新取证或者补充相关材料等。总之，法官要对瑕疵证据的“补救”进行严格把关，避免控方将非法证据转变为瑕疵证据，草率处理。

第 六 章

证据短缺与真实性规则

所谓真实性规则，又可称为“真实性保障规则”，其功能在于保障证据的真实可靠性，防止不具有真实性的证据作为定案根据。基于证据短缺中大量出现的证据虚假情况，真实性规则的严格适用于能够有效减少定案证据不真实的情况。“真实性规则”并非我国传统证据法学理论中的规则定义，也不是一个单独的规则，而是包括传闻证据规则等在内的规则体系。

一 真实性规则概述

（一）证据真实性的含义

证据的真实性有两个方面的含义，一是“客观真实性”，二是“真实可靠性”。所谓“客观真实性”是指证据必须具有“形式上的真实性”，换言之，证据载体应当是真实的。它一方面要求证据必须是对客观事物的反映，另一方面要求证据必须具有能为人所感知的客观存在形式。因此，主观臆测、想象、迷信邪说的咒语等，或者仅存在于人的大脑中，没有以客观形式表现出来的“证据”都不具有“客观真实性”。当然，这种“客观真实性”并不要求证据是纯粹客观的东西，因为证据都必须经过办案人员的发现、提取和处理才能为案件审理所用，不可避免带有人的主观因素，因而一切证据都是主观与客观相结合的产物，要求证据的纯粹客观性是不现实的。实际上，证据的“客观真实性”就是我国传统证据法学中证据资格的三要件之一“客观性”。笔者以为，对证据真实性的要求包含了对客观性的要求，所以这里我们将客观性看作真实性的内容之一。所谓“真实可靠性”是指证据必须具有“实质上的真实性”，即证据内容应当是真实的，它必须是对客观发生的案件真实的反映，而不能是虚假的。[①] 例如，证人所陈述的证言内容应当与客观事实相符，而非虚构。再如，证据不能是伪造、变造的。虽然伪造的物证（以作案工具为例），确是客观存在而不是仅存在于主观上的东西，即具有“客观性”，但其却不能正确反映实际发生的案件事实，因此不具有“真实可靠性”，这是一种实质上的不真实。在我国证据法学理论中，“客观真实性”属于证据资格的基本内容之一，不具有“客观真实性”的证据材料不能作为证据使用。考虑到我国既存的案卷中心主义，强调证据“客观真实性”的价值在于，防止办案人员用笔录“捏造”证据。例如，某一物证并非真实存在，但是案卷中却有关于它的记载，或者笔录杜撰了一个“证人”出来，还附有其证言内容。石东玉错案中未找到的“张某夫妻”就很让人怀疑其证言存在的客观真实性。[②] 与“客观真实性”不同，“真实可靠性”属于证明力的范畴，由法官依据逻辑和经验进行判断，不具有“真实可靠性”的证据不得作为定案根据。真实性并非证据的自然属性，因此离不开法官的审查评判。但它同合法性类似，只存在“有”“无”之分，而不似关联性具有程度大小的不同。具有真实性的证据不一定能成为定案根据，它还要受到关联性、合法性的限制；同理，证据即使具备关联性、合法性，但若不真实，也不能作为定案根据。

我国刑事证据立法对证据的真实性，尤其是“真实可靠性”的追求被强调到无以复加的地步，甚至大部分证据规则都是围绕证据的真实性展开的。例如，非法证据排除规则的设置，在很大程度上是为了解决因非法取证而造成的犯罪嫌疑人、被告人供述虚假的问题。再如，瑕疵证据补正规则中真实性对合法性的浸染和侵蚀——只要证据具有真实性，即使其取证过程、手段存在技术性违法，仍然可以为法官所采纳。这的

---

① 参见何家弘、刘品新《证据法学》，法律出版社 2019 年版，第 118 页；陈瑞华：《关于证据法基本概念的一些思考》，《中国刑事法杂志》2013 年第 3 期，第 63 页。

② 参见何家弘《迟到的正义——影响中国司法的十大冤案》，中国法制出版社 2014 年版，第 49 页。

确在一定程度上消解了合法性对证据的要求，大有以真实性取代合法性之嫌。这种对证据真实性的强调源于我国独有的“实事求是”的证据观，它认为，运用证据认定的案件事实应当符合案件发生的真实情况，进而要求证据也应当是对事实的客观反映，只有符合案件客观真实的证据才是正确的证据。[①] 而刑事疑案中大量存在的证据虚假现象也的确为司法人员敲响了警钟。例如，杜培武错案中警方虚构的来自“刹车踏板”和“油门踏板”上泥土，张高平、张辉二人错案中来自狱侦耳目的虚假证言等。事实上，当今世界无论在哪个国家，发现真实都是诉讼的重要目的。即使在具有完备证据规则体系、注重价值衡量的英美法系，诸如传闻证据规则、最佳证据规则等的建立也是以规范证据可采性的方式保障其真实性。毋庸置疑，不具有真实性的证据会对法官产生误导，影响正确裁判，所以诉讼中不具有真实性的证据不能作为定案的根据。因此，从证据短缺的角度来说，保障证据的真实性就是保障证据的质量，这对于预防证据短缺显然是必要的。不过，需要指出的是，我国将“实事求是”作为对证据真实性的要求并不妥当，因为证据的真实性只是有限的真实而非绝对的真实，这种真实性只能是司法人员依法审查后判定的真实，也就是法律上的真实。[②] 从这个角度来说，证据真实性的要求与证明标准的要求是类似的。

（二）真实性规则的功能与证据短缺

基于对证据真实性的追求，刑事诉讼应当确立起真实性规则。与合法性规则的功能与证据短缺之关系类似，真实性规则功能的发挥一方面能够避免证据出现短缺，另一方面也可能造成证据短缺。从排除不真实的证据角度来看，真实性规则使案件中不具有真实性的单个证据无法作为定案根据，它保证了单个证据的质量，避免了案件中出现单个证据短缺的情形。同时，由于不具有真实性的证据不仅对待证事实的证明没有

---

① 邵晖：《非法证据排除规则中的真实性与合法性之辨》，《黑龙江社会科学》2011 年第 4 期，第 148 页。

② 参见蒲艳晖《证据真实性对可采性关联价值思考》，《社科纵横》2006 年第 9 期，第 107 页。

帮助，还可能对法官裁判产生误导，因此排除它们并不会影响案件中有效证据的数量，也就不会产生新的短缺。

在传闻证据规则、最佳证据规则和意见证据规则的适用中，法官会排除部分真实性存疑——可能真实也可能不真实——的证据。这意味着，一部分具有真实性的证据也被排除了。例如，未出庭作证的证人的证言，它有可能是真实的，但是由于该证言未经当庭质证，所以即使具有真实性，能够帮助认定事实，也不能作为定案根据。因为这些规则的作用很大程度上在于“预防”，即以“釜底抽薪”的方式避免裁判者受不适当证据的误导。如此虽然能够最大程度确保证据的质量，避免单个证据的短缺，但同时将造成案件事实证明中证据数量的减少，可能加剧证据短缺的程度。这是传闻证据规则等排除作用发挥之“弊”。不过，上述排除规则往往存在若干例外，即当证据的真实性能够确定时，这些证据便可以采纳。有学者称之为，因能够保障证据的真实性而豁免了证据能力排除规则的适用。① 例如，美国《联邦证据规则》规则 1002② 规定，除另有规定外，司法证明中应当使用原件，这是最佳证据规则的原则性要求。而规则 1003 却规定“复制件在与原件同等程度上具有可采性”。对法条进行体系化分析可知，复制件之所以具有可采性，是因为规则 1001 中规定了复制件必须是“通过能正确复制原件的技术”得来的。也就是说，复制件的内容与原件具有同一性，亦即复制件具有真实性。因此，能够确认真实性的复制件不受最佳证据规则的制约。例外规定的存在是证据规则不断发展完善的结果。在它出现之前，传闻证据规则等作用的发挥是僵化的“一刀切”，排除了许多本能够用于事实认定的证据。而例外规定却一定程度上发挥了规则的“包容”作用，它回归规则设置本身的目的，以“具体问题具体分析”的方式提高了证据的使用率，缓解了发现真实过程中的证据短缺。因此，证据规则的精细化发展方向之一就是，完善例外规定，使之更贴合实际、具有可操作性。

---

① 参见纵博《证明力反制证据能力论》，《中国刑事法杂志》2014 年第 4 期，第 73 页。

② “除本证据规则或国会立法另有规定外，为证明文书、录音或照片的内容，应要求提供文书、录音或照片的原件。”

综上所述，真实性规则一方面能够排除不真实的证据，确保单个证据的质量，其例外规定也能够增加可用于事实认定的证据，缓解证据短缺，另一方面它在排除某些证据时造成了证据数量的减少，产生了新的短缺。可见，真实性规则的适用对保全证据的数量和质量来说有利有弊，但整体而言利大于弊，应当在刑事诉讼中设立并不断完善。

二　证据短缺与我国真实性规则的构建

根据保障真实性的方式不同，真实性规则可以划分为两种类型。第一种是通过限制证据能力保障证据的真实性，如传闻证据规则、最佳证据规则、意见证据规则等。由于传闻证据、最佳证据、意见证据等未经法庭质证，或者无法核实真实与否，本身具有极大的虚假可能性，所以传闻证据规则等将对证据真实性的审查判断转化为对证据能力的限制，提前排除了那些可能不具有真实性的证据，从而免去了审查这些证据真实性的烦琐。当然，正如上文所说，如果能够确认这些证据的真实性，其便可以成为定案根据。有学者认为，这是将证据能力问题转化为证明力问题的倾向，即当证据的真实可靠性无疑时，就可以不再受制于证据能力规则的约束。① 笔者以为，从保障真实性的目的出发，这种倾向并无大碍。毕竟，传闻证据规则等设置的初衷就是保障证据的真实性。如果能够确认某一证据的真实性，自然就不必再排除该证据。而且，这种方式还能够弱化排除性证据规则过于僵硬的特点，最大限度地使用证据资源，以减少证据短缺，促进发现真实目的的实现。第二种证据规则能够直接限制证据的真实性，即法律直接规定何种情况下的证据具有真实性，何种情况下的证据不具有真实性，应当予以排除。在我国，证据印证规则、口供补强规则就属于这一类。

---

① 参见纵博《证明力反制证据能力论》，《中国刑事法杂志》2014 年第 4 期，第 72—73 页。

（一）传闻证据规则

长期的经验和判例证明，法庭之外的证人证言或者证人当庭转述的他人证言，由于作证人未经过宣誓、交叉询问（或质证），传闻的真实性存疑，且有较大可能为虚假。在我国，传闻证据主要表现为记载证言内容的询问笔录，但由于笔录是侦查机关制作的，所以不能完全排除其存在造假、篡改的可能。例如，在杨黎明等三人抢劫杀人错案中，公诉机关认为案发现场提取的女式提包系被告人杨文礼的妻子所有，并出具了杨文礼妻子单位领导张某的证言予以证明，“我曾经看见杨文礼的妻子背过”。但张某在出庭时却指出，警方将提包照片交与其指认时，其曾明确说过，没有看见杨文礼的妻子拿过这包，而法庭上出示的证言中，“我没有看见”却被篡改成了“我曾经看见”。[①] 想来，如果没有证人张某的出庭作证，该份证据势必会成为认定被告人有罪的关键证据。虽然证人的异议在该案的审理过程中不了了之，但是不可否认，证人出庭或能揭露侦查人员可能存在的伪造、变造笔录的行为。否定书面证言的效力，要求证人出庭也是检验证言真实性的重要方式。例如，在丁志权错案中，原审认定被告人有罪的一个很重要的原因就是公诉方提供的证人证言否认了案发当晚见过被告人，但是辩方对相同证人收集的证言却证明他们均在案发时间遇见了被告人，后来又均否认遇见。也就是说，证人证言的内容前后矛盾。通常来说，证人证言虚假的原因有两种可能：一种是证人在感知案件事实时存在错误，其主观上认为自己所说为真，但实际为假，即证言的虚假是证人无意为之；另一种是证人出于某种目的或迫于某种压力而作出虚假证言，其主观上知道自己说所为假，即证人系有意作假证。[②] 在本案中，证人陈述前后不一致，究竟哪一陈述为真，哪一陈述为假，仅凭书面证言无法判断，需要证人出庭作证。如果证人未到庭，法官难以核实这些证言的真实性，证言内容自然会对事实认定产生误导。证人的当庭陈述更为可信这一点是显而易见的，国外的证人宣

---

① 参见郭欣阳《刑事错案评析》，中国人民公安大学出版社 2011 年版，第 53 页。

② 参见郭欣阳《刑事错案评析》，中国人民公安大学出版社 2011 年版，第 108—110 页。

誓制度便是利用证人的心理压力来促使证人说真话。我国古代的“五听”也是在人们受到法庭威严氛围的影响下，根据其表现来判断所说内容是否真实的审判制度。在清代民事诉讼中，法律还规定证人应当亲自到庭接受询问，如果证人具备法定免于出庭的理由，可以免予到庭，但其证言不得采信。[①] 因此，要求证人（鉴定人或其他人员）出庭作证，当庭接受控辩双方的质证，有助于确定证据内容的真实性；如果相关人员未能出庭作证，则应当按照传闻证据规则予以排除，以规避虚假的风险。

如上所述，传闻证据规则的实施主要是为了保障证据的真实性，但对于我国而言，传闻证据规则的建立还有着特殊的意义。我国之所以一直以来没有建立严格的传闻证据规则，是基于现实国情的考虑。首先，刑事诉讼的证人出庭率极低，如果排除所有未当庭陈述的证人证言，势必造成证人证言数量的急剧减少，法官难以作出事实认定；其次，我国长期以来都采用案卷移送主义，所有言词证据，包括被告人供述、被害人陈述、证人证言等均以笔录形式呈现，使得以文书笔录代替当庭陈述的做法成为惯例，法官的“以庭审为中心”逐渐演变为“以案卷为中心”；最后，我国对证人出庭的保障制度尚不完善，证人不敢出庭、不想出庭的现象普遍。因此，在我国明确传闻证据规则不仅能够保障证据的真实性，更能够促使出庭作证率的提高，推动刑事诉讼模式的转型。

《刑事诉讼法》及《高法解释》并未明确证人、鉴定人必须出庭作证，虽然《刑事诉讼法》第 61 条[②]提到证人证言必须经过质证和查实，但是并没有将“证人证言”限定为“当庭证言”，也就是说，如果证人证言以笔录形式出现在法庭上，经质证查实且无异议的，也可以作为定案

---

① 蒋铁初：《原则与例外——清代民事证据制度的表达与实践》，《现代法学》2007 年第 6 期，第 151 页。

② 第 61 条：证人证言必须在法庭上经过公诉人、被害人和被告人、辩护人双方质证并且查实以后，才能作为定案的根据。法庭查明证人有意作伪证或者隐匿罪证的时候，应当依法处理。

根据。而且，《刑事诉讼法》第192条[①]对证人、鉴定人出庭实施的是“申请制”：只有双方当事人对证据内容“有异议”，且法庭认为“有必要的”，证人、鉴定人才“应当”出庭作证。可见，法条实际上将采纳证人的庭前证言笔录与书面鉴定意见为原则，以证人、鉴定人的出庭作证为例外。不可否认，这种规定既适应了实践中案件审理的需要，也能够节约审判时间、提高诉讼效率，但是它们所传达的精神无疑与传闻证据规则相背离。而且，如果要求证人、鉴定人出庭作证是为了保障诉讼双方的质证权，那么在一方提出异议时，法庭就应该要求证人、鉴定人出庭，而不应再附加“认为有必要”这一条件——这显然是以法官对真实性的认定代替了诉讼双方的质证。不过，《刑事诉讼法》及《高法解释》的进步在于，为应当出庭而不出庭的证人、鉴定人设置了惩罚性后果，即明确规定其所作言词证据的笔录不得作为定案根据。这一规定为要求证人、鉴定人出庭作证提供了制度基础。

综上，笔者以为，基于保障证据真实性和促进证人出庭作证的需要，我国应当建立传闻证据规则，明确证人等的证言必须当庭作出，只有在特殊情况下，这些言词证据才可以以笔录形式出现，或者无须本人出庭作证。也就是说，以“原则+例外”侧重排除笔录的形式取代现在侧重保留笔录的形式。因此，现有规定可以作以下调整。（1）将原《刑事诉讼法》第61条、第192条第三款合并修正为“证人应当出庭作证，证人证言必须在法庭上经过公诉人、被害人和被告人、辩护人双方质证并且查实以后，才能作为定案的根据。除法律另有规定外，经人民法院通知，证人拒绝出庭或者出庭后拒绝作证的，该证人证言不得作为证据使用。”（2）将原《高法解释》第91条第三款修正为“证人具有下列情形之一的，可以不出庭：（一）被告人的配偶、父母、子女没有正当理由不出庭作证的；（二）控辩双方对证人的庭前证言笔录无异议的。”（3）将原

① 第192条：公诉人、当事人或者辩护人、诉讼代理人对证人证言有异议，且该证人证言对案件定罪量刑有重大影响，人民法院认为证人有必要出庭作证的，证人应当出庭作证。人民警察就其执行职务时目击的犯罪情况作为证人出庭作证，适用前款规定。公诉人、当事人或者辩护人、诉讼代理人对鉴定意见有异议，人民法院认为鉴定人有必要出庭的，鉴定人应当出庭作证。经人民法院通知，鉴定人拒不出庭作证的，鉴定意见不得作为定案的根据。

《刑事诉讼法》第 192 条第三款、第 99 条第一款、第 100 条第三款合并修正为“鉴定人、有专门知识的人应当出庭就其出具的鉴定意见、专家报告等进行陈述。经人民法院通知，鉴定人、有专门知识的人拒不出庭作证的，该鉴定意见、专家报告不得作为证据使用。公诉人、当事人或者辩护人、诉讼代理人对鉴定意见、专家报告无异议的，鉴定人、有专门知识的人可以不出庭作证。”

（二）最佳证据规则

最佳证据规则是英美法系最为古老的证据规则，其产生于法院裁判大量依赖文书证据的时代。“如果一方当事人手中持有书证的原件，那么他就必须提交给法庭。”[①] 最佳证据规则实际也可以称为“非最佳证据排除规则”，其设立之初在排除传来证据的同时，也提醒人们在交往过程中，要注重保留文书证据，即如果想要避免纠纷，最好“白纸黑字”将事实固定下来。所以最佳证据规则不仅具有“排除”功能，还具有“形塑”功能。[②] 在我国，有些学者将最佳证据规则视为证明力规则的一种[③]，认为该规则是以规范原物、原件与复制品、复印件等证明力大小不同为目的的规则，但是笔者更倾向于将最佳证据规则看作是以规范证据能力的方式对法官的证明力判断进行限制的规则，[④] 即最佳证据规则仍属于证据能力规则。最佳证据规则虽因文书证据（即书证）而产生，但同样能够用于物证、视听资料等其他实物证据。不少学者将最佳证据规则称为“原始证据优先规则”，其出发点是保障物证、书证、视听资料等证据的真实性，防止物证、书证、视听资料在传播、复制的过程中出现失真，避免法官在采纳证据、认定事实时作出错误判断。将最佳证据规则作为证据能力规则，需要明确规定原始物证、书证、视听资料具有证据

① ［美］乔恩·R. 华尔兹：《刑事证据大全》，何家弘等译，中国人民公安大学出版社 2004 年版，第 420—421 页。

② 张栋：《中国刑事证据制度体系的优化》，《中国社会科学》2015 年第 7 期，第 142 页。

③ 参见陈瑞华《刑事证据法学》，北京大学出版社 2014 年版，第 115 页。

④ 参见聂昭伟《证明力与证据能力规则演变规律探究——我国证据规则立法方向的理性选择》，《西南政法大学学报》2007 年第 4 期，第 3 页。

能力，非原始资料如复制品、复印件、照片、录像等除法律另有规定外，不具有证据能力。实践中，遇有诉讼当事人认为其提交的原件需要自留的情况，通常做法是允许当事人提交传来证据，但需在传来证据上说明“本件与原件核对无异”，并签字捺印。因此，传来证据经法庭审查认为与原始证据无异的，可以采纳。

部分传来证据之所以能够作为例外，一方面在于“合理可得性”，即如果原物、原件不能以其他方式展现，而呈上法庭的证据合理存在并能够为控辩双方所取得，且其形式和内容具有唯一性，那么该证据可以采用。例如，不便搬运、不易保存的原物复制品、照片、录像，确实无法获得、已经丢失或者被毁损、因保密或档案管理等限制无法调取的原件之复印件、照片、录像等。另一方面在于“认同性”，即对于原物、原件由于特殊原因无法当庭展示的，如果质证方认可复制品、复印件或者照片、录像等的确能够客观反映原物、原件的特征，或者裁判者通过核查能够确认其客观真实性的，则可以作为证据使用。我国现有法条在物证、书证等证据的复制品、复印件、照片、录像等的采用上已经规定得较为详细，给出了操作性较强的适用规范，但立法中却缺乏最佳证据规则的原则性规定。另外，出于法律条文体系化、科学化的考虑，《高法解释》第 83 条第二款和第 84 条第二款的部分内容可以适当删减。① 即将上述规定转化为《刑事诉讼法》的原则性规定：“据以定案的物证、书证、视听资料应当是原物或原件，除法律另有规定外，物证、书证、视听资料并非原物、原件的，不得作为证据使用。电子数据应当随原始存储介质移送。除法律另有规定外，非随原始存储介质移送且未作出合理解释或说明，无法保证电子数据完整性的，不得作为证据使用。”

① 第 83 条：据以定案的物证应当是原物。原物不便搬运、不易保存、依法应当返还或者依法应当由有关部门保管、处理的，可以拍摄、制作足以反映原物外形和特征的照片、录像、复制品。必要时，审判人员可以前往保管场所查看原物。物证的照片、录像、复制品，不能反映原物的外形和特征的，不得作为定案的根据。物证的照片、录像、复制品，经与原物核对无误、经鉴定或者以其他方式确认真实的，可以作为定案的根据。第 84 条：据以定案的书证应当是原件。取得原件确有困难的，可以使用副本、复制件。对书证的更改或者更改迹象不能作出合理解释，或者书证的副本、复制件不能反映原件及其内容的，不得作为定案的根据。书证的副本、复制件，经与原件核对无误、经鉴定或者以其他方式确认真实的，可以作为定案的根据。

（三）意见证据规则

英美法系国家传统上将证人分为普通证人和专家证人，这里的普通证人不仅包括狭义上的证人，还包括接受交叉询问的被害人和被告人。大陆法系国家没有交叉询问，证人的含义相对较窄，仅指狭义上的普通证人；而英美法系中的“专家证人”对应的是鉴定人。由于我国的证人与鉴定人分属不同序列，因此本部分所使用的意见证据规则重点指的是普通证人的意见证据规则，我们直接使用“证人”一词。

证人意见之所以应当被排除，是因其不具有真实可靠性。猜测性、评论性的证言与证人由感官直接接受外界信号刺激而留存在大脑皮层的印象或痕迹显然不同。后者是第一手知识，是客观事实的反映，前者则是第二手知识，是“有意识”地对信息进行筛选和整理后得出的结论或推论，是人主观意识的反映。诚然，证言内容必然带有主观色彩，但是与直接描述事实状态相比，推断、猜测等已经脱离了案件事实，已经失去了“客观真实性”，因此意见证言应当排除。虽然区分证人证言中的意见与事实，是考察意见证据规则适用情况的前提，但是意见与事实往往不是泾渭分明、非黑即白的。在很多情况下，意见与事实都呈现出一种交融混杂的状态。一方面，证人对外部事实的感知和反馈都带有一定的主观色彩，而且这种对外部事实的感知往往只有整体印象或推断意见；另一方面，证人倾向于选择概括性、结论性的语言陈述事实，而且由于表达能力不同，证人对事实的描述效果不同。因此，通过法条明晰意见证言的范围是意见证据规则设置的关键。

大多数国家或地区是以“否定性、消极性、反面性”为主对意见证据排除规则进行的规定，正面规定的是少数。综合来看，关于证人意见的排除，主要有三种立法形式。第一种是“原则 + 例外”式，即以“不得采纳”作为原则，以特殊情况作为例外，美国①、澳大利亚、英国即属

① 如美国《联邦证据规则》规则 701：“如果证人不是作为一个专家作证，则其以意见或推理的形式表达的证人证言仅限于下述意见和推理：（a）合理建立在证人的感觉之上；以及（b）有助于澄清该证人证言或确定争议事实。”何家弘、张卫平主编：《外国证据法选译》，人民法院出版社 2000 年版，第 722 页。

此类。[①] 第二种是“排除”式，即只规定了普通证人意见证据不可采的原则，而没有列出可以采纳的例外情形，代表是俄罗斯和我国台湾地区。[②] 第三种是“可采”式，即法律没有明确规定普通证人意见不可采纳，而是直接规定了可以采纳的情形。我国采用了第一种立法方式，《高法解释》第88条明确规定证人意见不得作为证据使用，但存在例外情况。[③] 不过，法条中“根据一般生活经验判断符合事实”这一表述略显笼统、操作性不强。一方面，它没有进一步解释何为“一般生活经验”，导致对“一般生活经验”的判断成了法官自由裁量的范围。而这一心证由于缺乏具体的指导和统一的标准，可能造成“类似意见不同处理”的结果。对此，笔者以为，这里的“一般生活经验”应当视证人身份做出相应的理解和评断，因为证人自身阅历、生活方式都会影响其对事物或事件的看法。例如，由于“生活经验”的特殊性，医生可能对环境的清洁程度、某个人的身体健康程度比普通人更为敏感，也更有可能留下不同的印象，作出不同的判断。另一方面，虽然“符合事实”反映了意见证据规则对证据真实性的约束，但是区分意见与事实的要点在于确定其究竟是证人的纯粹主观判断，还是建立在合理感知基础上，不以意见形式就无法呈现给裁判者的客观事实。如果以“符合事实”作为标准，将会使一些“符合事实”但本应排除的主观意见进入法庭。例如，证人在描述完犯罪嫌疑人的动作、行为后说“这个人看上去毛手毛脚”。如果按照现有例外规定的表述，这句话的确是根据一般生活经验判断作出的。但是显然，证人对犯罪嫌疑人动作、行为的描述才是证言的核心内容，“毛手毛脚”的结论办案人员同样可以得出，因此对事实判断来说不具有证

---

① 如澳大利亚联邦1995年《证据法》第76条：不得采纳意见证据以证明所表达意见的事实之存在。第78条：如果（a）意见以该人看见、听见或者以其他方式对事物或者事件的感知为基础；以及（b）意见证据对于充分说明或者理解该人对事物或者事件的感知有必要的，则该人所表达的意见证据不适用意见证据规则。

② 如俄罗斯《刑事诉讼法》第75条规定，不允许采信被害人、证人基于猜测、假设、传闻所作的陈述。参见郭天武主编《刑事证据法学原理 · 案例 · 实验》，中国法制出版社2015年版，第320—321页。

③ 第88条第二款：证人的猜测性、评论性、推断性的证言，不得作为证据使用，但根据一般生活经验判断符合事实的除外。

明价值。所以，我国意见证据规则的表述应当探寻一种更加恰当而明确的方式。

其实，证人意见的排除不仅是为了避免证据的不真实，也是为了维护裁判权。众所周知，认定案件事实是裁判者的固有职权，是裁判者之所以成为裁判者的根基，事实与事实之间的逻辑关系只能由裁判者去构建，而不能由普通证人代为行之。而采纳证人意见将会阻碍裁判者认识事实的途径，侵犯裁判者认定事实的职权。从这一理论出发，或可推出完善意见证据规则的新途径，即区分应当排除的意见证据和可以保留的意见证据的关键在于裁判者的“能”与“不能”[①]——也就是该意见证据是否能够被替代？如果根据证人的其他陈述，裁判者能够作出与证人相同的判断，那该意见证言就没有存在的必要，就应当排除。毕竟，证人才是案件事实的亲历者，其对事实的感知正是裁判者所“不能”之事。裁判者对案件发生经过的认知是逆向性的，他们只有借助普通证人的眼睛、耳朵、鼻子去看、去听、去闻，才能知悉当时的情况，重现当时的情境。此时证人的这种判断和印象对裁判者来说是必要的、无可替代的，应当予以保留。因此，证据的“不可替代性”是决定是否排除的重要考量因素。从这个角度来说，意见证据规则的例外规定或可表述为“但是建立在证人合理感知基础上，不能以非意见形式表述或有助于确定争议事实的除外”。

（四）证据印证规则

法官除了需要适用传闻证据规则、最佳证据规则、意见证据规则等通过规制证据能力的方式提前规范证据的真实性，还应当从证明力的角度对证据的真实性进行衡量。证据短缺的诸多案例已经显示，如果证据本身内容或证据与证据之间不能相互印证，该证据就可能存疑。例如，在滕兴善故意杀人错案中，被害人的尸检结果显示其“颧骨骨折”，但被告人却供述称其将被害人“捂死”，“捂口”的行为并

---

① 关于法官的“能”与“不能”，参见李学军《意见证据规则要义——以美国为视角》，《证据科学》2012年第5期，第521页。

不能够导致被害人面部骨折，两份证据内容存在明显的矛盾。又如，在李菊兰故意杀人错案中，侦查人员搜查到的鼠药包装与鼠药卖主的证言存在矛盾，不能证明被告人家中的鼠药系从证人卖主那里得来。上述证据内容相互矛盾的情况，使得彼此之间无法相互印证，其真实性也就无法确定。

“印证”并非我国的独创。欧洲大陆中世纪的立法中就有规定，确实的证据主要包括：（1）无争议或者经公证的书证；（2）两份相互印证的证人证言；（3）有确实证凭的事实推定。所以在法定证据制度中，“印证”已经为人们所认识。龙宗智教授于2004年提出我国的司法证明模式为“印证证明模式”，即司法证明是通过具有独立信息源的证据之间所包含的事实重合来检验证据内容的真实性，同时据以认定案件事实。他认为，印证对于证据判断的作用在于：必须通过证据间的相互印证来确认证据是否“确实”，而只有当多个证据所含信息内容具有同一指向时，证据才算是“充分”。[①] 通过印证认定事实一般有两种形式：第一种是直接证据得到补强。由于直接证据往往包含着与定罪量刑有关的所有事实信息，因此只要有其他证据承载的信息与直接证据中的事实信息相同，就能够判定该直接证据为真，同时认定案件事实。也就是说，对直接证据真实性的验证其实也就等于对案件主要事实的验证。例如，《高法解释》第141条规定，通过供述提取到的隐蔽物证、书证等，如果能够与口供相互印证，就可以认定被告人有罪。[②] 第二种是间接证据在具有真实性的基础上形成完整的、环环相扣的证据链。通过间接证据的印证进行事实认定包括以下几点要求：所有间接证据均经查证属实；证据内容能够相互佐证，证据与证据之间不存在无法解释的矛盾；证据所承载的信息能够涵盖所有待证要件事实，并且形成完整的证明体系；综合所有证据，依

① 龙宗智：《中国法语境中的“排除合理怀疑”》，《中外法学》2012年第6期，第1125页。

② 第141条：根据被告人的供述、指认提取到了隐蔽性很强的物证、书证，且被告人的供述与其他证明犯罪事实发生的证据相互印证，并排除串供、逼供、诱供等可能性的，可以认定被告人有罪。

据经验判断，能够得出唯一结论。[①] 无论哪种形式，当证据相互印证时，事实裁判者也就能够认定事实的存在。因此，龙教授同时认为，印证可以作为一种证明标准，或者作为衡量证据是否“确实、充分”的准则。他在文中提出“证据的相互印证，是达到证据确实充分最重要的要求”。[②] 陈瑞华教授认可这种观点，并且认为，虽然“事实清楚，证据确实、充分”可能有着较为丰富的含义和要求，但是全案证据相互印证确是“证据确实、充分”最低限度的标准。[③] 事实上，虽然“印证”并没有作为证明标准被纳入法条，但实务中将证据印证作为证明标准的情况却并不鲜见。不少学者认为，证据印证作为一种客观标准，可操作性相对较强，能够成为衡量证据是否达到证明标准的一种方式。

当然，“印证”不管作为一种证明模式，还是作为一种证明标准，都存在“机械化”的弊端。因为它更加强调证据的“外部性”而不是“内省性”，对证据数量的要求大于对证据质量的要求。[④] 甚至在某种程度上，它可能架空了裁判者的自由判断。如果裁判者过于追求印证的证据数量，机械地要求每个构成要件事实都有两个以上证据证明，就走入了“证据量”认识的误区，既不现实也不可行。它既可能因要求过高造成法官不敢下判，也可能出现控方为了印证而印证，甚至不惜隐匿存在矛盾的证据或者伪造证据的现象。例如，在马廷新故意杀人错案中，控方提供的一份证明被告人有作案时间的证人证言事后查明系伪证，不能排除警方在侦查过程中存在不当行为的可能，即为了“印证”而故意让证人作虚假证言，以达到“全案证据相互印证”的目的。又如，于英生故意杀人错案中的那两枚陌生指印。由于它们与其他能够证明于英生有罪的证据

---

① 《高法解释》第 140 条：没有直接证据，但间接证据同时符合下列条件的，可以认定被告人有罪：（一）证据已经查证属实；（二）证据之间相互印证，不存在无法排除的矛盾和无法解释的疑问；（三）全案证据形成完整的证据链；（四）根据证据认定案件事实足以排除合理怀疑，结论具有唯一性；（五）运用证据进行的推理符合逻辑和经验。

② 龙宗智：《印证与自由心证——我国刑事诉讼证明模式》，《法学研究》2004 年第 2 期，第 111 页。

③ 陈瑞华：《论证据相互印证规则》，《法商研究》2012 年第 1 期，第 116 页。

④ 龙宗智：《印证与自由心证——我国刑事诉讼证明模式》，《法学研究》2004 年第 2 期，第 111 页。

材料相反，便未被放入案卷中。警方这种“隐匿证据”的行为也是为了“印证”。事实上，许多冤错案件的发生都与司法人员机械地实现印证有很大关系。从本书的样本也可以看出，大量案件正是在有罪证据难以印证的情况下，办案人员囿于不合理的体制机制作出错误判断的结果。

相比于将印证作为证明模式、证明标准的做法，笔者更愿意将印证当成一种证明规则来看待。因为虽然印证存在不少弊端，但是其作为一种外在客观化审查判断证据的方法仍具有可行性和使用价值，多个证据间如果能够相互印证，则意味着证据内容具有一致性，这种一致性提高了证据内容的真实性和可信度。[①] 例如，在李某故意杀人案[②]中，刑事技术鉴定书显示，被害人系被钝性物体多次击打头部致颅脑损伤死亡；公安机关在现场提取的扁头铁锤、圆头铁锤上均检出被害人血迹；被告人供述称其在案发现场先用圆头铁锤后用扁头铁锤击打被害人，且通过辨认，确认了现场提取的两把铁锤系其作案时使用的工具；另有证人证言证实，这两把铁锤平时就存放在被害人处。综合来看，被告人的供述、辨认结果和两份鉴定书的内容共同指向两个铁锤就是作案工具的结论；而被告人供述、证人证言的内容则共同指向作案工具系被告人从被害人处获得的结论。因此，在本案中，被告人供述、辨认结果、证人证言、鉴定意见等证据的内容一致，能够互相印证，司法人员可以确认这些证据的真实可靠性。

因此，笔者将作为规则的印证称为“证据印证规则”，它是审查判断单个证据真实可靠性的方法性规则：如果某一证据的内容可以从其他证据处获得印证，就可以认定该证据的真实性。笔者以为，证据印证规则限缩且精确了印证的适用范围，这可以带来三大益处。其一，证据印证规则的使用仅限于对单个证据真实性的审查判断，它从对证据数量的强调转向对证据质量的强调，有利于减少证据数量对印证适用带来的干扰；其二，将印证作为方法性规则而非证明标准，弱化了其在案件事实认定

---

① 龙宗智：《中国法语境中的“排除合理怀疑”》，《中外法学》2012 年第 6 期，第 1125 页。

② 参见黑龙江省高级人民法院（2011）黑刑三终字第 63 号刑事判决书。

中的影响，明确了印证只能用于对单个证据的判断，而不能用于对全案证据或者对案件事实的判断，当司法人员不能再将“全案证据相互印证”作为认定案件事实的依据，自然也就会减少对证据相互印证的追求；其三，将印证作为证明力规则意味着，证据印证规则适用的前提是：用于印证的证据均具有证据能力，不具有证据能力的单个证据不得因能够与其他证据相互印证而得以采用。这样就避免了法官采信那些不具有证据能力的单个证据，能够防止定案证据质量不足的情况发生。也就是说，“证据印证规则”中的“证据”应当指的是具有证据能力的证据，而非不具有证据能力的“证据材料”。因此，证据印证规则实际上反映了两个具有证据能力的证据之间，或者多个证据与某一个证据之间的验证关系。①

目前我国刑事法律中已经出现了有关证据印证的条文，如《高法解释》的第 91 条第二款②和第 96 条第二款、第三款③，分别规定当证人的庭前证言和当庭证言出现矛盾、被告人的庭前供述与当庭供述出现矛盾时，法官应当通过审查该两份证据内容与其他证据是否相互印证，决定应该采信哪一份证据。这类条文的出现是为了解决案件审理过程中，司法人员尤其是法官可能遇到的证据相互矛盾的问题，同时能够限制法官裁量单个证据证明力的自由。可见，“印证”不仅具有理论基础，而且符合实践需求。当然，在证据印证规则的适用中，还应该着重强调其适用的前提，即用于印证的单个证据应当具有独立的信息源，也就是说，法官在采用印证之前，应当先审查单个证据的来源。只有在单个证据的来源可靠，排除了非法取得、伪造等情况，才能将该证据用于证据之间的相互印证。现有证据印证规则的规定不仅列举了一些特殊情况，而且

---

① 参见陈瑞华《论证据相互印证规则》，《法商研究》2012 年第 1 期，第 113 页。

② “证人当庭作出的证言与其庭前证言矛盾，证人能够作出合理解释，并有其他证据印证的，应当采信其庭审证言；不能作出合理解释，而其庭前证言有其他证据印证的，可以采信其庭前证言。”

③ “被告人庭审中翻供，但不能合理说明翻供原因或者其辩解与全案证据矛盾，而其庭前供述与其他证据相互印证的，可以采信其庭前供述。被告人庭前供述和辩解存在反复，但庭审中供认，且与其他证据相互印证的，可以采信其庭审供述；被告人庭前供述和辩解存在反复，庭审中不供认，且无其他证据与庭前供述印证的，不得采信其庭前供述。”

《高法解释》第 139 条[①]可以看作是证据印证规则的原则性规定，只是该规定没有明确印证作为单个证据真实性的判断方法，也没有提及对单个证据来源的审查。因此，笔者认为，证据印证规则的条文表述可以改进为："具有证据能力的证据，其真实性可以通过与其他证据的印证进行判断。两个证据之间或者单个证据与其他多个证据之间具有内在联系，共同指向同一待证事实，且不存在无法排除的矛盾和无法解释的疑问的，该证据能够作为定案的根据。对用于印证的单个证据来源的审查应当先于对证据相互印证的判断。"

（五）口供补强规则

口供补强规则源于大陆法系，是作为自由心证的例外而存在的。只有当被告人的口供包含案件全部要件事实信息时，才能够进行强制性补强，该项供述不能作为裁判者认定案件事实的唯一依据，它是对法官自由裁量权的有效限制，能够防止法官产生误判。[②] 英美法系同样存在口供补强规则，如美国《宪法》第 3 条第三款的规定正是基于口供的不可信以及避免出现迫害。在美国的司法实践中，补强规则主要适用于伪证罪、性犯罪（特别是强奸案件）等类型案件的审理。[③] 我国《刑事诉讼法》第 55 条对口供补强规则作出了明确规定。[④] 对口供真实性的补强实际上是证据印证的一种，或者说，如果将这里的"口供"换作"证据"，即"证据补强规则"，其含义与"证据印证规则"就几乎相差无几。但是口供补强规则的意义在于，其规范的对象是"口供"，即使控方提供了包含全部要件事实信息的口供，能够证明案件事实的发生，但是口供的自愿

---

① 《高法解释》第 139 条：对证据的真实性，应当综合全案证据进行审查。对证据的证明力，应当根据具体情况，从证据与案件事实的关联程度、证据之间的联系等方面进行审查判断。

② 参见陈瑞华《论证据相互印证规则》，《法商研究》2012 年第 1 期，第 117 页。

③ 美国《宪法》第 3 条第三款："无论何人，如非经由两个证人证明他的公然的叛国行为，或经由本人在公开法庭认罪者，均不得被判叛国罪。"李训虎：《美国证据法中的证明力规则》，《比较法研究》2010 年第 4 期，第 86—87 页。

④ 《刑事诉讼法》第 55 条：对一切案件的判处都要重证据，重调查研究，不轻信口供。只有被告人供述，没有其他证据的，不能认定被告人有罪和处以刑罚；没有被告人供述，证据确实、充分的，可以认定被告人有罪和处以刑罚。

性和真实性仍然需要证明，因此必须有能够与口供相印证的证据来进行补强，否则就可能纵容非法取证等行为。而如果口供没有包含全部要件事实信息，其对于案件的证明不完整，自然更需要其他证据的补强，也就是证据之间的印证。因此，口供补强规则与证据印证规则之间的区别是，前者只适用于“包含全部要件事实信息的口供”，而后者适用于所有具备证据能力的证据。

在笔者看来，口供补强规则内在的含义是：单个直接证据不能作为定案的唯一根据，被告人的口供如此，证人证言、录音录像也是如此。如果证人证言、录音录像能够涵盖待证事实的全部要件信息，其内容的真实性仍然需要其他证据的“补强”，而不能直接作为认定案件事实的唯一证据。这种“补强”其实就是印证，或者说，需要有证据证明该证人证言、录音录像的真实性。例如，控方提交的录音录像记载了案件发生的全部经过，法庭需要借助专门的鉴定对该录音录像是否为原件、是否经过篡改进行审查，那么证明录音录像真实性的鉴定意见就是补强证据。此时认定案件事实的并非录音录像这唯一的证据。按照笔者的理解，法律之所以只设立了口供补强规则，而没有单独设立“证人证言补强规则”或者“录音录像补强规则”，是因为：第一，相对于证人证言、录音录像来说，口供的获得与取证程序的合法性、人权保障关系更加密切，因此有必要对口供单独强调；第二，口供虚假的可能性更大，因此有必要保障作为孤证的口供的真实性；第三，被告人口供与证人证言、录音录像相比，出现包含全部要件事实信息的可能性更大；第四，证人证言、录音录像的补强可以适用证据印证规则，不必单独列出。

综上所述，我国的真实性规则表现在传闻证据规则等五项规则中。证据短缺相关理论告诉我们，证据规则不仅要解决证据能力不足的问题，还要解决证据真实性的问题。甚至有学者认为，在证据关联性较难成为证据法规范问题的情况下，对证据真实性问题的研究才是证据规则研究的重点。[①] 考虑到证据的真实可靠性不足是证据短缺的重要方面，法官也应严格适用证据真实性规则。

---

① 陈瑞华：《刑事证据法学》，北京大学出版社2014年版，第95页。

第七章

证据短缺与充分性规则

从证据短缺的角度来看，本书第四、五、六章所讨论的关联性规则、合法性规则和真实性规则都是对证据质量的规范和限制。但是，司法证明不仅对证据质量提出了要求，也对证据数量提出了要求，而且证据最终都要服务于事实认定，所以证据的数量和质量应当足以使裁判者重构事实。不过，正如上文已经论明的，虽然证据短缺是一种客观存在，但是事实认定并不要求定案证据不存在绝对性的短缺。所以，只要案件中的证据能够满足充分性的要求，裁判者就可以作出事实判断。因此，充分性规则也可以被称为“充分性标准”，即证据的充分程度必须达到一定的标准才能认定案件事实。本章将对司法证明中的充分性标准予以具体阐述。

一 充分性规则的内涵

充分性规则可以分为事实认定层面的充分性规则和证据认定层面的充分性规则，前者对应的是“证明标准”，后者对应的是“证据标准”。当然，事实认定离不开证据，而离开了事实认定的目的，证据的存在也就没有了实质意义。所以即使在探讨事实认定层面的充分性规则时，证据仍是基本角度和根本出发点。

在这里，我们有必要先澄清一下事实认定的概念。司法裁判包括两个阶段，查明事实和作出判决。查明事实是作出判决的前提和基础，作出判决是查明事实的结果和目的。当事实认定作为一个“过程”使用时，其含义与查明事实相同，都是在强调对案件事实的认识，都需要追求证据数量和质量的最优化。此时，事实认定这一过程的结果有两种情况，一种是肯定事实的存在，另一种是不确定事实是否存在。这一点可以从法条的规定上找到依据。我国《刑事诉讼法》第 200 条第一款与第三款表述的相同之处就是都采用了“事实认定结果 + 裁判方式”的语言结构。[①] 不过，当事实认定作为一种“结果”使用时，其指的就是“肯定事实的存在”这一种情况。下文对事实认定这一概念的使用均指的是第二种情况，即将“事实认定”等同于“认定该事实存在”。

（一）证据认定层面的充分性规则

毋庸置疑，要保证案件事实认定的正确性，定案证据的质和量都必须达到一定的要求。如果出现缺少证据证明案件事实或缺乏有力证据证明案件事实的情形，事实就会处于模糊状态，裁判者也就无法依证据作出事实认定。因此，定案根据应当具有“充分性”，这是司法裁判对证据的要求。而所谓证据认定层面的充分性规则，指的就是满足事实认定需要的证据所应达到的标准，即“证据标准”。

证据标准包括两方面的内容，一是证据数量的标准，二是证据质量的标准。就证据数量的标准来说，司法人员认定被告人实施了指控的犯罪行为必须有充足的证据，其要点在于证据的内容应该覆盖所控犯罪的全部构成要件事实。对此，本书在第一章“证据短缺影响事实认定的表现”中已经进行了较为详细的阐述。需要补充说明的是，对“数量”的

---

① 第一款为“案件事实清楚，证据确实、充分，依据法律认定被告人有罪的，应当作出有罪判决”；第三款为“证据不足，不能认定被告人有罪的，应当作出证据不足、指控的犯罪不能成立的无罪判决”。至于第二款“依据法律认定被告人无罪的，应当作出无罪判决”的表述，笔者以为该款隐去了“案件事实清楚，证据确实、充分”这一前提。首先，存在事实清楚，但被告人不构成犯罪的情形，如正当防卫；其次，即使被告人的行为不构成犯罪，也不能略去事实认定这一过程，作出判决的前提必须是事实清楚。《刑事诉讼法》第 200 条：“在被告人最后陈述后，审判长宣布休庭，合议庭进行评议，根据已经查明的事实、证据和有关的法律规定，分别作出以下判决：（一）案件事实清楚，证据确实、充分，依据法律认定被告人有罪的，应当作出有罪判决；（二）依据法律认定被告人无罪的，应当作出无罪判决；（三）证据不足，不能认定被告人有罪的，应当作出证据不足、指控的犯罪不能成立的无罪判决。”

理解不应仅限于证据的件数，如果证据内容均指向同一片段事实，数量再多也无法帮助法官认识全部事实。因此，“量”更多指的是证据所承载的案件事实的信息量。而这里的“事实”也不能够理解为案件的“全部事实”，而是“与定罪有关”的事实，即要件事实。当要件事实得到证明，法官就可以作出相应裁判。

例如，在邓某故意杀人案①中，法官据以作出有罪判决的证据包括：(1) 警方文件，包括接处警登记表、受案登记表、抓获经过、到破案经过；(2) 被害人陈述，证明案发过程及被告人动机；(3) 六份证人证言证明案发过程，内容基本一致；(4) 监控录像光碟一张，证明案发过程；(5) 一份证人证言，证明被告人与被害人之间存在情感纠纷；(6) 辨认笔录及照片，证明被告人、被害人身份及作案工具；(7) 现场指认笔录及照片；(8) 提取笔记本的笔录、接受证据清单，证明被告人动机及作案前思想动态；(9) 百货商场购物小票，证明作案工具来源；(10) 现场勘验检查笔录、照片，证明案发现场的状况；(11) 菜刀、背包的扣押决定书、扣押清单；(12) 人口基本信息表；(13) 鉴定意见，证明现场血痕、被告人衣物上的血痕与被害人 DNA 一致；(14) 法医学人体损伤程度鉴定书、伤残鉴定书；(15) 被告人邓某的供述。在上述证据中，能够证明被告人身份及其责任能力的证据有 (12)(6)(15)；能够证明被害人身份及损害程度的证据有 (2)(12)(14)；能够证明被告人有杀人的动机及存在故意的证据有 (5)(8)(14)；能够证明被告人实施了指控的杀人行为及故意杀人行为的时间、地点、手段、后果及起因等的证据有 (1)(7)(10)(2)(3)(4)(9)(11)(15)(6)(13)(14)。综上，案件的基本事实都有证据证明，而且每项证明中都有多个证据，因此该案的证据数量已经达到了证据标准。

就证据质量的标准来说，证据应当满足法律规定的要求，且有助于认定案件事实，换言之，案件中的单个证据应当具有关联性、合法性和真实性。正如本书第四章、第五章、第六章已经阐明的，如果证据不具有关联性，其不仅对证明案件事实毫无价值，而且若混淆了能够证明的

---

① 参见广西壮族自治区柳州市中级人民法院（2014）柳市刑一终字第 177 号刑事判决书。

对象，还有可能对法官裁判造成影响；如果证据不具有合法性，不仅真实性得不到保障，而且由于违反了法律规定，自始不具备证据资格；如果证据不具有真实性，则不仅起不到证明作用，反而让法官偏离了重构事实的正确轨道，影响事实的正确认定。这样的证据在案件中就是不完整的、具有“短缺性”的证据。可见，如果案件中的某些证据不具备关联性、合法性或真实可靠性不足，不能作为定案根据或者有效证明特定案件事实，则意味着证据未能达到证据标准对证据质量的要求。

综上所述，证据认定层面的充分性规则，即证据标准，是指定案证据应当具有关联性、合法性和真实性，且证据的内容应该覆盖所控犯罪的全部构成要件事实。

（二）事实认定层面的充分性规则

事实认定层面的充分性规则，即“证明标准”，是指案件中的证据不仅都具有关联性、合法性、真实性，其证明范围能够覆盖各待证事实，且全案证据综合起来能够形成一个完整、协调的证明体系，足以得出唯一、确定、排除其他可能的结论。[①] 相对于证据认定层面的充分性规则，即证据标准来说，证明标准对证据的证明效果提出了要求。全案证据如果能达到证明标准，则意味着其足以证明检察机关所指控犯罪事实的存在。为表述方便，下文中笔者直接使用“证明标准”一词。

从证据短缺的角度来说，相对于案件真实而言，办案人员所能认识到的“事实”终究是不完整的、模糊的。这意味着，对于事实是否存在，办案人员只能做出可能性的推断，如该事实有 50% 的可能存在，或者有 90% 的可能存在。由于历史无法重现，这种可能性只能无限接近 1，却不可能为 1。然而，诉讼的目的在于解决纷争，审判程序不允许悬而不决。事实存在的可能性可以用百分数衡量，但判决却必须给予一个明确的答复，因为法官不能说一个人是 50% 有罪，或者 90% 有罪。[②] 所以，必须

---

① 马凯、王兆峰：《证据短缺路径下的错案预防》，《黑龙江社会科学》2014 年第 3 期，第 105—109 页。

② 参见何家弘《论司法证明的目的和标准——兼论司法证明的基本概念和范畴》，《法学研究》2001 年第 6 期，第 48 页。

存在这样一个限度：当证据的证明程度达到这个限度时，法官可以作出认定案件事实存在的判决；当证据的证明程度达不到这个限度时，法官须作出案件事实不一定存在的判断，并据此进行判决。这就好比在对案件事实进行“拼图”的过程中，“拼图板”上总会留有空白，而那些已经拼出的部分图像，也并非全都清晰可见。但法官不能因此而对该“拼图”束手无策，否则无法完成其裁判职能的履行。而这样一个限度就是让法官知晓，当“拼图”的完成度达到多少时就可以视作该“拼图”已经完成。该限度就是证明标准，衡量的是证明度。从这个角度来讲，证明标准是证据短缺的情况下，诉讼制度为完成案件裁判、纠纷解决目的的一种妥协式规定。

如果以函数图来表示证明标准与案件事实的关系，可以设 F(I) = R，司法资源投入为 I，案件事实认定的正确率为 R。在正常情况下，I 值增大，R 随之增大。但由于受到证据短缺客观环境的限制①，当 I 增大到一定限度，R 的值不再变化，只能无限接近 1，而不能等于 1（如图 7－1 所示）。

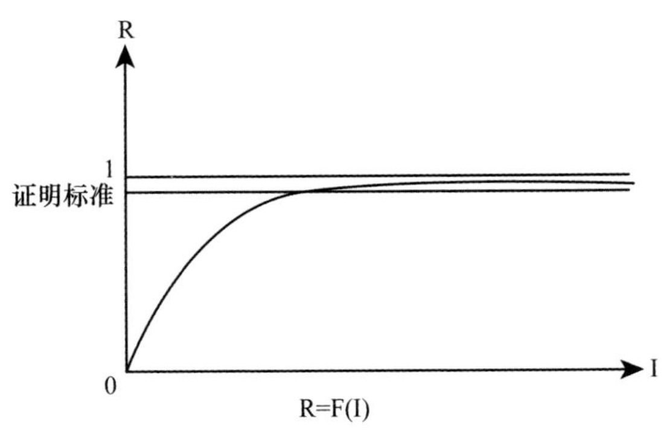

图 7－1 证明标准函数图

而当证据短缺影响到事实认定时，无论 I 值怎样增大，可能都无法达到法定的证明标准，图 7－1 的函数图就会变成图 7－2。

① 这里指的是第一层面上的短缺，即办案人员无法获得所有与案件事实相关的证据。

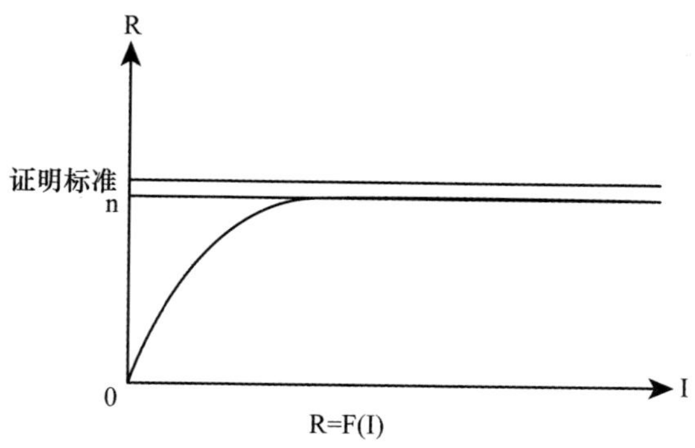

图7－2　证据短缺视角下的证明标准函数图

根据刑事诉讼价值，这种情况下自然应当按照证据不足、疑罪从无的原则释放犯罪嫌疑人，或不予起诉或宣告被告人无罪。但若由于某种特殊原因，致使办案人员选择对该案件作出认定，就有可能出现错误判决。

基于上面的论述，我们可以对长期以来的司法证明真理观，即“客观真实”与“主观真实”之争作出判断：在证据短缺视角下，法律真实更具合理性。因为如果将客观真实作为证明标准，那么疑案的判决都将变成“不合理”。在疑案中，被告人犯罪的事实是否存在是不确定的，既然“不确定”，那么真实情况下，该事实就有可能存在，也有可能不存在。在这种情况下，法官作出的那些“证据不足，指控的犯罪不能成立”的判决显然达不到“客观真实”的标准。例如，在李怀亮案件①中，既有证据无法认定李怀亮就是凶手，于是审判人员基于这种证据短缺的情况作出了无罪判决。但即使在李怀亮已经被无罪释放之后，当地的检察院也依然认为，从他们已经掌握的证据来看，不能排除李怀亮的重大作案嫌疑，意即证据也无法认定李怀亮不是凶手。此时，案件的真相只有李怀亮清楚，旁人无法知晓。假设李怀亮的确实施了强奸杀人的行为，那么该判决与作为证明标准的“客观真实”是否背道而驰？显然，如果坚持把客观真实作为证明标准，那么在证据短缺到足以影响事实认定的情

① 案情详见何家弘主编《迟到的正义——影响中国司法进程的十大冤案》，中国法制出版社2014年版，第251页以下。

况下，判决的作出将会和证明标准形成悖论，不合逻辑。因此，将“客观真实”作为证明标准是认识论上的偏执，在诉讼中并不可行。

而就法律真实来说，一方面，法律真实并不否认辩证唯物主义认识论在事实认定中的基础理论作用，也不否认客观真实存在的必然性。相反，它仍然坚持诉讼活动对客观真实的追求，同时肯定裁判者能够运用证据认定案件事实的可能性。[①] 另一方面，法律真实承认客观真实的不可及，认为有些事实根本无法查清，且裁判者并不需要还原客观真实，只需要运用证据构建起诉讼价值和证明规则下的真实。正如实证主义哲学家洛克所提到的，某一事件的发生与否存在不同程度的可能性。随着人们所掌握的证据数量和质量不断增加，所认识到的事件发生的可能性便逐渐升高。但是在实证领域，绝对的可能性无法达到。而能达到的最高程度的可能性应被称为“道德上的确定性”，即一种没有正当理由可以怀疑的确定性。[②] 因此，既然是证明标准，就应当是一种可以达到的限度，是能够实现的目标。毫无疑问，法律真实满足了这一要求。可以说，客观真实是诉讼或认识所要达到的目标，而法律真实是事实认定的结果，是诉讼或认识能达到的真实状态，是结果意义上的真实。换言之，法律真实不是司法证明活动要追求的真实，而是司法证明活动必须达到的真实。[③] 因此，与证据短缺相关理论相匹配的是法律真实的真理观。

同时，我们也可以就证明标准应该是“主观”还是“客观”作出判断：证明标准应当是主客观因素相结合的产物。事实上，所有的证明标准都离不开“主观因素”的影响，因为案件事实的证明度本就是一种主观感知，难以用纯客观的尺度衡量。同样地，裁判者对案件事实的判断

---

① 参见吴宏耀《刑事证明标准研究评述》，载樊崇义主编《诉讼法学研究》第 1 卷，中国检察出版社 2002 年版，第 531—532 页。

② “在关于事件的领域，存在着不同程度的可能性。当我们所得到的证据的量和质增加时，我们达到越来越高的可能性。但在实证领域，不可能达到绝对的确定性，在这一领域所能达到的最高程度的可能性，称之为‘道德上的确定性’，一种没有理由怀疑的确定性。”熊秋红：《对刑事证明标准的思考——以刑事证明中的可能性和确定性为视角》，《法商研究》2003 年第 1 期，第 4 页。

③ 何家弘：《论司法证明的目的和标准——兼论司法证明的基本概念和范畴》，《法学研究》2001 年第 6 期，第 53 页。

也离不开符合一定标准的证据，因为裁判者不能凭空想象或者捏造某一事实的存在或不存在，而是必须建立在证据所能证明的事实基础上。也就是说，证据必须达到“证据标准”。即使是采用纯主观证明标准表述方式的“排除合理怀疑”“内心确信”，其判断也并非一种妄断，而是必须以证据为依据的，“内心确信”还要求这种“确信”能经得起反复的验证。况且，为尽可能防止、避免事实认定者接触不当信息，作出任意裁判，英美法系还规定了一整套严密的证据规则，来最大限度保证存在疑点的证据无法进入法庭；而如交叉询问等烦琐的证据调查、质证程序也为证据可靠性、可信性的充分展现保驾护航。大陆法系国家也通过法官的精英化、要求法官对内心确信的形成过程作出解释说明等，对自由心证进行制度性的约束。虽然法官对证据的判断少不了主观因素的影响，但与法官主观上对证据证明度的衡量相比，证据本身所承载的事实是客观的，对证据提出的要求自然也是相对客观的，因此证明标准必然是主观因素与客观因素的结合，它是证据标准和心证的结合。抛弃了主观因素，客观存在就无法转化为人的认识；抛弃了客观因素，主观判断就失去了存在之基。

（三）充分性规则与证据短缺的关系

如上所述，证明标准是指司法证明应当达到的程度和水平，它用于衡量司法证明的结果；[①] 而证据标准是证明标准在案件中对定案证据的具体要求。一般来说，证明标准应该包含证据标准，因为证明标准指向的是案件事实，证据标准指向的是定案证据。证据标准作为相对客观的、对证据提出的要求，可以为法官心证前的证据审查判断提供依据。笔者以为，明确证据标准有如下两个方面的意义。其一，正如之前所讲，带有客观性因素的证明标准并非可有可无，在司法证明中，对相对客观的证据提出要求是必要且应当的。其二，与“排除合理怀疑”“内心确信”等仅侧重司法人员主观认知程度的描述相比，证据标准的表述在实践中

① 何家弘：《论司法证明的基本范畴》，《北方法学》2007 年第 1 期，第 73 页。

更具有可操作性。[①] 虽然司法证明的目的是认定事实是否存在，但其依据的是证据，法官需要先对证据进行审查之后才认定事实。换言之，先有对证据的判断，然后才有对事实的判断。证据如果要成为定案根据，需要经历举证、质证的程序，受到法律条文明确规定的证据规则的调整，因此相对于事实判断中的纯主观认知，证据判断的过程有更为明确的外在制约。正是在此意义上，证据标准在实践中才更具可行性和可操作性。总之，证据标准是证明标准的内在准则，具有存在的合理性和必要性，且证据标准在事实认定的层面又回归到证明标准上来。

对证据认定层面的充分性规则（证据标准）和事实认定层面的充分性标准（证明标准）的划分，依据的是“充分性”的多重含义。因为“充分性”不仅可以要求证据有一定的数量，也可以要求证据与证据、证据与案件事实之间具有必然的逻辑联系。[②] 也就是说，就案件中的某个事实或情节来说，只有当某个证据或证据组合足以证明该事实或情节的存在或者不存在时，才能称证明该事实或情节的证据充分，即具有较高证明价值；同样，就整个案件来说，如果包括正反证据在内的全部证据足以证明案件的真实情况，那么就视其为有较高证明价值，该案件证据充分。[③] 换言之，“充分性”既可以指证据数量的“充分”，也可以指证明度的“充分”。前者属于证据标准的要求，后者属于证明标准的要求。总之，证据标准是证明标准的前提，案件中的证据只有先达到证据标准才有可能达到证明标准。如果全案证据达不到证据标准，则一定达不到证明标准，也就无法认定案件事实。

对于证据短缺与证据标准、证明标准的关系，笔者以为，证据短缺对应的是证据标准。因为证据短缺描述的是证据状态，其客观性较强，

---

① 这里需要说明一点，其实加拿大联邦最高法院对“合理怀疑”作出的解释中，提到的“……这种逻辑上的理由可以是指与证据有关联的理由，包括你在考虑了全案证据之后所发现的矛盾，也可以是指与某一证据的不存在相关的理由，而该证据在这一案件中属于定罪的前提条件”，也肯定了证据在法官裁量中的客观作用，与证据标准的目的是相同的，只是未体现在证明标准的表述中。

② 参见冯晶《证据充分性的逻辑分析》，《海南大学学报》（人文社会科学版）2006 年第 3 期，第 1—2 页。

③ 何家弘、刘品新：《证据法学》，法律出版社 2019 年版，第 416 页。

与裁判者的主观意识关系不大。而证明标准应该建立在“盖然性”理论上，案件是否能够认定，是裁判者自由衡量的结果。虽然裁判者衡量的主要依据是证据，但还包括自身意志等一些证据以外的因素。如果案件中的证据已经达到了证据标准，就可以认为该案的证据不存在短缺。当然，这里的短缺是指“影响事实认定的短缺”，而不是绝对意义上证据资源的短缺。在那些已经达到证据标准但是没有达到证明标准的案件中，并非不存在证据短缺，而是不存在“影响事实认定的证据短缺”，即案件事实的无法认定并非由证据造成。另外，证据短缺不是一个标准，它只是对证据所展现出的状态的描述，而不能够衡量证据是否达到一定水平，是否能够据以认定案件事实。因此可以说，证据短缺是证据标准的反面，但它不等同于证据标准。综上，证据短缺、证据标准与证明标准的关系可以表述为：证据标准既是证明标准的客观层面，也是衡量证据短缺的依据。证据短缺虽然不是一种标准，但却可以作为达不到标准的具体表现来为标准的设立提供依据。也就是说，如果全案证据存在证据能力不足、真实可靠性不足，难以构成完整证据链的情况时，就没有达到证据标准，对事实认定来说也就没有达到证明标准。

二　证据短缺与我国充分性规则的构建

（一）对“案件事实清楚，证据确实、充分”的评述

我国证明标准中对“事实清楚”的追求古已有之。《唐律疏议》曾明确规定：“若赃状露验，理不可疑，虽不承引，即据状断之。”此处的“理”可以理解为道理，指的就是案件发生的经过。《宋刑统》在此基础上又增加规定：“今后凡有刑狱，宜据所犯罪名，须具引律、令、格、式……事实无疑，方得定罪。”[①] 明确提出了对案件事实的要求。虽然两部古籍中的表述均提到了“无疑”，看上去与“排除合理怀疑”的标准较为相似，但实际落脚点却在“理”“事实”上，其追求的并不是裁判者的内心认定，而是“事实”得以“确定”，因此都是带有客观倾向的证明标

① 薛梅卿点校：《宋刑统》，法律出版社1999年版，第551页。

准。中华人民共和国成立后，1979 年颁布的《刑事诉讼法》第一次明确提出了案件事实“清楚”，证据“确实、充分”的证明标准，该标准目前仍然沿用。对“案件事实清楚”的追求体现了客观真实说对我国证明标准设立的影响，正因于此，我国的证明标准长期以来受到学界的诟病。一是这种表述属于司法证明的理想目标，实践中的可操作性不强；二是这种表述过于偏重证明标准的客观层面，忽视了证明标准对法官内心确信程度的主观层面的要求，容易造成法官对“事实清楚”的任意解读，进而容易导致自由裁量权的无限扩大。[①] 这种侧重对“事实”、对“证据”要求的表述被划归为“客观上”的证明标准。针对“案件事实清楚，证据确实、充分”的弊端，2012 年《刑事诉讼法》对证明标准进行了修正和补充解释。[②] 将“排除合理怀疑”作为对“证据确实、充分”的补充解释，是证明标准改进的一大亮点。全国人大法工委解释称，在证明标准中增加“排除合理怀疑”，并不是对其进行的根本性修改，而是为了从主观方面进一步明确“证据确实、充分”的含义，更利于实践中办案人员的把握和适用。[③] 根据立法者原意，加入“排除合理怀疑”并非是对原有证明标准的抛弃，而是在对法官认定事实提出外在的、客观要求的同时，增加内在的、主观上的要求，也就是从只注重证明标准的客观要素转向主客观要素并重，实现主客观标准的融合贯通。

“事实清楚，证据确实、充分”的证明标准表述富有我国特色。与英美法系的“排除合理怀疑”和大陆法系的“内心确信”仅侧重司法人员主观认知水平的描述，而没有证据标准的客观描述相比，我国将证据标准，即“证据确实、充分”写入了证明标准中。笔者以为，将确实、充分作为证据标准是有益的。一方面，由于历史原因，我国法官的素质参差不齐，专业知识素养、经验丰富程度、逻辑推理能力并不都在同一水

---

① 参见陈瑞华《刑事诉讼中的证明标准》，《苏州大学学报》（哲学社会科学版）2013 年第 3 期，第 86—87 页。

② 即将证据确实、充分补充解释为“定罪量刑的事实都有证据证明”“据以定案的证据均经法定程序查证属实”“综合全案证据，对所认定事实已排除合理怀疑”三点。

③ 全国人大常委会法制工作委员会刑法室：《关于修改中华人民共和国刑事诉讼法的决定：条文说明、立法理由及相关规定》，北京大学出版社 2012 年版，第 53 页。

平线上。此时如果单纯适用较为主观的证明标准，让法官对案件进行自由心证，则很有可能造成类似案件出现较大分歧的现象，因而有必要从客观方面对事实、证据基础进行约束。另一方面，证明标准中客观性因素的强调有利于提高案件质量、防范冤假错案。学界通常认为，“证据确实、充分”的标准在适用中往往高于“排除合理怀疑”和“内心确信”。比如，在北京某案中，凶手杀死被害人后进行了肢解。虽然案件中所有证据均指向犯罪嫌疑人就是凶手，但由于侦查机关没有找到被害人的头部，所以检察机关一直未能向法院提起公诉。也就是说，由于被害人的尸体不完整，所以证据是不充分的。如果该案仅以主观性证明标准来衡量，既然被害人的头部已经与四肢和躯干相分离，那么必然不存在存活的可能性，进而能够认定犯罪嫌疑人的杀人行为。当然，虽然本案对证明标准的适用存在形式主义和机械主义的倾向，但这并不妨碍“证据确实、充分”在大多数案件中所发挥的积极作用。尤其在我国刑事冤错案件被大量曝光的今天，坚持证明标准的外在客观性要求，有利于法官提高警惕，在最大程度上提高案件质量。毕竟，防止无辜者不被错误追究的价值通常高于惩罚犯罪的价值。

而且，“定罪量刑的事实都有证据证明”和“据以定案的证据均经法定程序查证属实”对证据确实、充分的解释，也的确提出了证据数量和质量的要求，即“有证据证明”对应了证据“充分”、证据数量；“查证属实”对应了证据“确实”、证据质量。可以说，这两条解释不仅明确了证据标准的内涵，而且使证据标准更具有可操作性。一方面，它将证据裁判主义的精神落实到对裁判证据的要求中去，使证据标准不再是单薄的“确实、充分”，而是一个既体现认识论——证据能够证明案件事实，又体现价值论——证据必须经过法定程序筛选的较为明确的标准，使证据标准具有了诉讼法意义上的合理性和正当性，也使证据标准得以与证明标准相区分，为证据标准的单独探讨提供了空间。另一方面，它在很大程度上提高了证据标准的可操作性。其所包含的对证据量和证据质的要求比较明确地告诉法官什么样的证据可以进入法庭，什么样的证据可以作为定案依据，使法官在审查判断证据时有了更为清晰的角度和方向。

不过，笔者并不赞同立法者将“排除合理怀疑”[①] 作为证据确实、充分的解释之一。虽然我们可以勉强将这里的“充分”理解为既包括证据数量的充分，也包括证明度的充分，但问题在于，“对所认定的事实已排除合理怀疑”本就不是对证据的要求，而应该是对法官相信事实存在程度的要求。正如前文所说，证明标准是从事实认定层面来考量的，而证据标准是从证据认定层面来考量的，证明标准包括证据标准。所以，如果将证据确实、充分看作证据标准，就不应该在其中增加认定案件事实时才强调的法官心证。诚然，立法者的目的是希望在增加“排除合理怀疑”的主观性因素后，让其与“事实清楚，证据确实、充分”可以相互解释，提高证明标准的可操作性，便于法官理解和适用。[②] 但是从证据短缺的角度来看，目前的规定是对证据标准和证明标准的混淆，反而不利于主客观因素的结合。笔者以为，要想在证明标准中同时体现主客观因素，应该区分对“证据”的要求和对“事实认定”的要求。因为是否能够达到证明标准是法官心证的结果，只能由法官来判定。因此，我国“事实清楚，证据确实、充分”的证明标准或可表述为“全案证据确实、充分，对所认定事实已排除合理怀疑”。

（二）证据短缺视角下的充分性规则

不可否认，将“排除合理怀疑”纳入证明标准的表述中，是证明标准完善的重要进步。那么究竟什么才是“排除合理怀疑”呢？法条并没有进一步解释。有的学者说，合理的怀疑就是非想象出来的怀疑。但这种解释显然没有使这个概念更具体化。也有的学者解释说，合理的怀疑就是那种能够使一个谨慎的人在做某件重要的事情之前产生迟疑的怀疑。但无论哪种说法，都存在没有解决的问题。什么样的事才算是想象出来的事？什么样的人才算是谨慎的人？这些问题的答案带有很大的主观性，恐怕每个人都有自己的标准。[③] 实务界对“排除合理怀疑”的解释与学者

---

① 即第三条解释“综合全案证据，对所认定事实已排除合理怀疑”。

② 何家弘、张晶：《是否排除须考量主客观标准》，《检察日报》2013 年 11 月 24 日第 3 版。

③ 参见李义冠《美国刑事审判制度》，法律出版社 1999 年版，第 15 页。

不同。他们认为，所谓能够“排除合理怀疑”，主要是指证据与证据之间、证据与案件事实之间不存在矛盾或者矛盾得以合理排除，而根据证据认定案件事实的过程符合逻辑和经验规则，由证据得出的结论具有唯一性。① 也许无论英美法系还是我国，都很难对“排除合理怀疑”作出明确解释。因为人们在评判某种对案件事实的认识正确与否时，所依据的只是：该认识是否有（足够确实、充分的）证据作为其根据，是否符合已有的证据所证明的其他事实等。② 所以，“排除合理怀疑”讨论的实际上是“有根据的信念”③，而这种“信念”是难以用语言表达的。

不过，与“排除合理怀疑”相比，“合理怀疑”似乎更加明确、具体，容易掌握。如果说“证据确实、充分”不足以帮助解释“排除合理怀疑”，那么证据短缺的表现应该能为“合理怀疑”的理解提供思路。因为如果定案证据出现了短缺，那么该证据所在的“证据链”要么衔接不牢，要么出现“断链”，而其所证明的事实也将受到影响，这就为法官产生“合理怀疑”提供了可能。因此，笔者以为，证据短缺实际上为证明标准的细化和明确提供了另一种思路——虽然带有明显主观因素的“合理怀疑”不容易界定，但是我们可以从证据的角度说明其“短缺”的客观情形。而这些情形也完全可以为法官判断是否已经达到“证据确实、充分”的证据标准以及“排除合理怀疑”的证明标准提供有价值的参考。基于对样本案件中证据短缺的考察，下文以故意杀人的刑事错案为例对证据短缺的情形进行探讨，以期对“合理怀疑”作出相应解释。

1. 证据的“缺”

所谓证据的“缺”，是指某个案件中的要件事实没有证据加以证明。有学者将要件事实分为两个层次，即主要事实和基本事实。主要事实是指刑事诉讼中需要证明的核心问题，包括犯罪行为是否发生和实施犯罪

---

① 江必新主编：《〈最高人民法院关于适用中华人民共和国刑事诉讼法的解释〉理解与适用》，中国法制出版社 2013 年版，第 46 页。

② 参见王敏远《一个谬误、两句废话、三种学说——对案件事实及证据的哲学、历史学分析》，中国政法大学出版社 2013 年版，第 5 页。

③ 参见［美］W. V. 奎因《真之追求》，王路译，生活 · 读书 · 新知三联书店 1999 年版，第 83 页。

行为的人是谁。基本事实是指除主要事实以外的对定罪量刑产生重要影响的事实，是证明对象的重要组成部分，包括犯罪过程、量刑情节等。[①]刑事诉讼中的要件事实虽有不同，但基本上可以划分为罪体与罪责两大部分。罪体指向犯罪构成的客观要件，罪责指向犯罪构成的主观要件。其中，罪体是定罪的客观根据，与传统理论中犯罪的客观方面相对应，包括行为方式、犯罪结果、因果关系、犯罪时间、犯罪地点等。[②]

在徐辉错案[③]的原审中，公诉方提供的有罪证据包括：（1）被告人的供述，但存在认罪和不认罪的反复，且在有罪供述中，对作案工具等重要情节的描述前后不一致；（2）现场勘查笔录；（3）警犬气味鉴定，证明警犬曾沿气味追踪到被害人家对面的徐辉家中，并对徐辉的凉鞋气味有明显反应；（4）尸体检验报告，证明被害人系遭到强奸后杀害；（5）DNA 鉴定意见，证明对被害人体内残留精液的鉴定结果为非确定性。在该案中，没有证据证明徐辉就是强奸杀人的凶手。首先，虽然警方对被害人体内残留精液进行了 DNA 鉴定，但该鉴定结果并不是唯一、排他的，即既不能肯定是徐辉的也不能排除是徐辉的，也就是说该鉴定结果并非能够证明“被告人实施了杀人行为”的明确指向性证据。其次，根据徐辉的有罪供述，其先持砖打伤被害人，强奸之后又用电线将其勒死。但警方始终未找到作为作案工具的砖头、电线等。再次，通常来说，警犬气味鉴定只能用作侦查，而不能用作证明犯罪事实，其不具备作为证据使用的资格。最后，虽然存在被告人有罪的供述，但供述中一会儿认罪，一会儿不认罪，出现了口供反复，因此认罪口供不能作为认定被告人犯罪行为的依据。综合来看，对于“徐辉实施了强奸杀人行为”这一要件事实，没有关键证据证明，因此该案的证据存在短缺，不能做出确定有罪的事实认定。

---

① 张云鹏：《以证明对象为视角谈刑事证明标准》，《辽宁公安司法管理干部学院学报》2004 年第 3 期，第 14 页。

② 参见陈兴良《本体刑法学》，商务印书馆 2001 年版，第 220—227 页。

③ 案情参见搜狐新闻《揭秘“徐辉案”平反幕后，关押 16 年后无罪释放》（2014 - 10 - 13），http：//news. sohu. com/20141013/n405047623. shtml，最后访问日期：2022 年 2 月 23 日。

2. 证据的“弱”

所谓证据的“弱”，是指证明要件事实的单一证据关联性不强或者证明力不强，不足以使人相信该事实的存在，或者有否定该事实存在的可能性。例如，在高进发疑案[1]中，警方之所以将高进发锁定为犯罪嫌疑人，正是因为接到了一封说凶手是高进发的举报信，信中称高进发曾因奸污幼女被判刑，而当下的案件正是幼女被杀案。于是警方便对其进行了“突审”，直至固定所有能证明其“有罪”的证据。虽然“前科”可能反映个体一定时间内的心理状态，但却不能用于证明人的当下行为，因为二者只具有逻辑相关性，不具有法律相关性。所以品格证据对证明特定犯罪行为来说证明力极弱，是不可采纳的。

在生物物证的鉴定意见中，种属认定结果的证明力小于同一认定的证明力，可能导致事实存在的不确定性。例如，在滕兴善错案[2]中，侦查机关对作案工具的认定基于两个原因，一是斧头上附着的毛发血型与被害人相同，二是斧头的形状与被害人身上的砍痕一致。但无论是血型还是砍痕[3]，都不是与唯一客体相对应的特征反映体，它们对应多个客体，或者说一类客体，不能据此作出该斧头是作案工具的同一认定。而在徐东辰错案中，被告人之所以被警方锁定，正是因为其血型和被害人阴道残留物的血型能对得上。公安的 DNA 鉴定显示，“不能排除被害人阴道擦拭纱布和卫生纸上的精斑是徐东辰所留”。显然，这是个非确定性的鉴定意见，不具有排他性和唯一性。[4] 案件中出现的种属认定不能使人确信该物品就是被寻找客体，法官也不能据此作出肯定性的判断。当然，如果是为了排除某事实的存在，如犯罪嫌疑人的血型与作案工具上凶手留

---

① 案情参见郭欣阳《刑事错案评析》，中国人民公安大学出版社 2011 年版，第 122—130 页。

② 参见何家弘主编《迟到的正义——影响中国司法的十大冤案》，中国法制出版社 2014 年版，第 2—34 页。

③ 这里指的是一般情况。如果作案工具的磨损、形状等有特点，如存在凹凸不平的豁口等，可以作为同一认定的特征反映体。

④ 参见法学大律师的博客《当代刑事错案之十四河北徐东辰“奸杀少妇”蒙冤 8 年后被宣判无罪》（2013 - 08 - 02），http：//blog. sina. com. cn/s/blog_ c0ca57180101jjta. html，最后访问日期：2022 年 2 月 23 日。

下的血迹血型不符，则可以作出犯罪嫌疑人并非作案人的认定。也就是说，种属认定可以作为排除性判断的依据，但不能作为肯定性判断的依据。

3. 证据的“假”

所谓证据的“假”并不是完全否认证据的真实性，而是说案件中证据之间存在无法解释的矛盾，导致不能得出唯一确定性的结论。这种情况可能出现在某一特定要件事实的证明中，也可能出现在全案事实的证明中。以杜培武错案为例。该案中，控方提供的有罪证据包括：（1）被告人供述；（2）现场勘验笔录及现场照片；（3）尸检报告；（4）测谎结论；（5）枪弹痕迹检验书；（6）提取笔录及物证检验报告，即提取了现场足迹、案发现场车辆离合器上的泥土、被告人衬衣泥土及火药残留物并进行检验；（7）警犬气味鉴定结果；（8）非目击证人证言。在本案几个要件事实的证明中，证据存在明显的矛盾。一是被告人的多次供述中存在认罪和不认罪的反复，且多次供述中描述的作案过程内容不一致，因而不能作出被告人系作案人且有确定性作案过程的结论；二是现场勘验笔录并没有关于“刹车踏板”和“油门踏板”上泥土的记载，但检验报告中却将其作为对比检材，作为检材的泥土来源不清，不能排除证据造假或检材混合的可能，不能作出被告人在案发期间曾到过现场的确定性结论；三是由警犬所作的两次气味鉴定结果相反，而且由于被告人与被害人之一是夫妻关系，不能排除其二人身上气味相似的可能性，因此不能作出被告人射杀二被害人的确定性结论；四是虽然既有证据能够证明杜培武曾经开过枪，但鉴于有证据证明其之前参加过射击训练，因此不能作出其身上残留的火药系杀害二被害人时所留下的唯一结论。综合全案来看，能够证明被告人“开枪杀死了二被害人”的证据之间相互矛盾、真实可靠性不足，所形成的证据链上留有明显缺口，故不能作出杜培武是凶手的唯一确定性结论。

综上所述，要件事实缺少证据证明、证据证明力较弱或者证据间相互矛盾等是证据短缺的情形，此时法官可以产生“合理怀疑”，不能确定事实的存在。

结　语

综上所述，司法证明中的证据短缺无处不在。宏观上的短缺可归因于事件发生过程中信息的流失，导致了证据资源的短缺性；微观上的短缺可归因于一系列主客观因素，导致了影响事实认定的证据短缺。虽然我们难以有效解决宏观上的短缺，但设置合理的证据制度、诉讼程序、证据规则等却可以有效缓解微观上的短缺。目前证据短缺尚未得到足够的重视和研究，但是其在证据制度的发展中却始终扮演着重要角色。古往今来，对证据的追求、对证据短缺的规避始终存在，它与证据制度的不断完善有着千丝万缕的联系。

事实认定对定案证据提出了关联性、合法性、真实性和充分性的要求，如果全案证据无法达到这些要求，案件中就会出现影响事实认定的证据短缺。相应地，作为审查判断证据“关卡”的证据规则，应当包括关联性规则、合法性规则、真实性规则和充分性规则。法官应当依据这些规则判断全案证据是否存在影响事实认定的证据短缺——如果案件中的证据均具有关联性、合法性、真实性且足以认定事实存在，则不存在微观上的证据短缺，反之亦然。

需要说明的是，上述证据规则并非全案证据出现短缺后的“救济”措施，而应当是避免全案证据出现短缺的“预防”手段。换言之，证据规则作用的发挥只能在短缺前而非短缺后。如果全案证据存在较为明显的证据短缺，法官只能依照充分性规则判断其是否影响事实认定，如是，则应严格遵循疑罪从无原则。传统观点认为，证据规则的适用会导致证据的排除，从而减少事实认定所能依据的证据数量。例如，排除了具有真实性的传闻证据，就等于排除了对证明案件事实有益的证据，不利于发现真实目的的实现。但实际上，科学合理的证据规则应当能够有效发挥“预防”作用，一方面可以尽量减少诉讼进程中的证据流失，另一方面可以保证用于事实认定的证据质量，以防止影响事实认定的证据短缺出现。具体来说，证据规则的作用有以下三点。第一，在规则被严格适用的前提下，能够有效保证进入法庭的证据质量，避免出现单个证据质量不足的情形，防止法官被不适当的证据所干扰或误导。例如，排除不真实的证据，排除不合法的证据等。第二，在不违背证据规则的情况下，允许、接纳部分对案件事实证明有益的证据进入法庭，为法官裁判所使用。例如，瑕疵证据补正规则、真实性规则中的例外规定等。第三，潜在地增加符合规范性和真实性的证据数量。例如，非法证据排除规则、最佳证据规则等可以充分发挥其“形塑”作用，促使取证过程的合法合规，达到增加符合法定条件的证据数量之长远效果。因此，证据规则有利于缓解证据短缺，有利于发现真实目的的实现。

关联性规则、合法性规则、真实性规则以及充分性规则都属于“审查判断和认定证据的规则”。除此之外的“程序性规则”，例如，取证规则、举证规则等，如果能够科学设定和严格落实，也将极大地发挥减少证据流失、保证证据质量的作用。只是由于篇幅限制，本书没有对其加以详细讨论。实际上，从某种程度上说，许多证据制度都可以用证据短缺的视角重新审视。例如，证据保全是为了减少诉讼过程中证据的流失和损毁；侦控方的客观义务、对抗式诉讼是为了使更多证据能够进入法庭审判；推定规则、拟制规则是对某些证据无法证明，或者没有证据证明的情况下作出判断的依据。所以，证据短缺不只影响着证据规则，也影响着所有证据制度，甚至可以说，证据短缺是除价值追求、科技进步以外，影响证据制度发展的重要因素之一。总之，有关证据短缺及其相关理论的研究之路仍道阻且长，笔者也将会持续关注该课题的发展动态。

参考文献

著作类：

陈光中：《刑事诉讼法（修正）实务全书》，中国检察出版社 1997 年版。

陈瑞华：《刑事审判原理论》，北京大学出版社 2003 年版。

陈瑞华：《刑事证据法的理论问题》，法律出版社 2018 年版。

陈瑞华：《刑事证据法学》，北京大学出版社 2014 年版。

陈卫东、谢佑平：《模范刑事诉讼法典》，中国人民大学出版社 2011 年版。

陈卫东、谢佑平：《证据法学》，复旦大学出版社 2005 年版。

陈兴良：《本体刑法学》，商务印书馆 2001 年版。

杜国栋：《论证据的完整性》，中国政法大学出版社 2012 年版。

樊崇义：《诉讼法学研究》，中国检察出版社 2002 年版。

冯玉军：《法经济学范式》，清华大学出版社 2009 年版。

冯玉军：《法经济学》，中国人民大学出版社 2013 年版。

郭成伟主编：《中国证据制度的传统与近代化》，中国检察出版社 2013 年版。

郭天武：《刑事证据法学原理·案例·实验》，中国法制出版社 2015 年版。

郭欣阳：《刑事错案评析》，中国人民公安大学出版社 2011 年版。

何家弘：《迟到的正义——影响中国司法的十大冤案》，中国法制出版社 2014 年版。

何家弘、刘品新：《证据法学》，法律出版社 2019 年版。

何家弘：《亡者归来——刑事司法的十大误区》，北京大学出版社 2014 年版。

黄维智：《证据与证明——以刑事法治为视角》，中国检察出版社 2006 年版。

江必新：《〈最高人民法院关于适用中华人民共和国刑事诉讼法的解释〉理解与适用》，人民法院出版社 2015 年版。

江伟：《证据法学》，法律出版社 1999 年版。

李贵连：《沈家本传》，法律出版社 2000 年版。

李珂、叶竹梅：《法经济学基础理论研究》，中国政法大学出版社 2013 年版。

李义冠：《美国刑事审判制度》，法律出版社 1999 年版。

刘善春、毕玉谦、郑旭：《诉讼证据规则研究》，中国法制出版社 2000 年版。

龙宗智、夏黎阳：《中国刑事证据规则研究》，中国检察出版社 2011 年版。

[美] W. V. 奎因：《真之追求》，王路译，生活 · 读书 · 新知三联书店 1999 年版。

[美] 罗纳德 · J. 艾伦：《证据法：文本、问题和案例》，张保生、王进喜译，高等教育出版社 2006 年版。

[美] 罗纳德 · 德沃金：《认真对待权利》，信春鹰、吴玉章译，中国大百科全书出版社 1998 年版。

彭勃：《日本刑事诉讼法通论》，中国政法大学出版社 2002 年版。

钱弘道：《法律的经济分析》，清华大学出版社 2006 年版。

秦宗文：《自由心证研究——以刑事诉讼为中心》，法律出版社 2007 年版。

屈新：《证据制度的经济学分析》，中国政法大学出版社 2015 年版。

全国人大常委会法制工作委员会刑法室：《关于修改中华人民共和国刑事诉讼法的决定：条文说明、立法理由及相关规定》，北京大学出版社 2012 年版。

沈达明：《英美证据法》，对外经济贸易大学出版社 2015 年版。

沈德咏、宋随军：《刑事证据制度与理论（中）——刑事诉讼证据》，人民法院出版社 2006 年版。

沈志先：《刑事证据规则研究》，法律出版社 2014 年版。

史晋川：《法律经济学趣谈》，江苏人民出版社、江苏凤凰美术出版社 2014 年版。

宋强：《我国刑事证据规则体系构建研究》，法律出版社 2007 年版。

孙远：《刑事证据能力导论》，人民法院出版社 2007 年版。

王敏远：《一个谬误、两句废话、三种学说——对案件事实及证据的哲学、历史学分析》，中国政法大学出版社 2013 年版。

王蕴：《证据排除规则研究——以民事诉讼为中心》，法律出版社 2014 年版。

巫宇甦：《证据学》，群众出版社 1983 年版。

徐立根：《物证技术学》，中国人民大学出版社 2011 年版。

许章润：《说法 · 活法 · 立法》，中国法制出版社 2000 年版。

易延友：《证据法的体系与精神——以英美法为特别参照》，北京大学出版社 2010 年版。

［英］A. J. M. 米尔恩：《人的权利与人的多样性——人权哲学》，夏勇、张志铭译，中国大百科全书出版社 1995 年版。

［英］弗里德利希 · 冯 · 哈耶克：《法律、立法与自由》，邓正来、张守东、李静冰译，中国大百科全书出版社 2000 年版。

［英］洛克：《人类理解论》，关文运译，商务印书馆 1997 年版。

［英］威廉 · 特文宁：《反思证据开拓性论著》，吴洪淇等译，中国人民大学出版社 2015 年版。

余叔通、谢朝华：《法国刑事诉讼法典》，中国政法大学出版社 1997 年版。

曾宪义：《中国法制史》，北京大学出版社、高等教育出版社 2009 年版。

张继成：《基础理论的逻辑、哲学分析》，法律出版社 2011 年版。

张月满：《刑事证人证言规则》，中国检察出版社 2004 年版。

期刊类：

卞建林、张璐：《我国刑事证明标准的理解与适用》，《法律适用》2014年第3期。

陈光中、李玉华、陈学权：《诉讼真实与证明标准改革》，《政法论坛》2009年第2期。

陈岚、杜厚扬：《刑事证据关联性之司法审查》，《山东社会科学》2020年第5期。

陈瑞华：《从认识论走向价值论——证据法理论基础的反思与重构》，《法学》2001年第1期。

陈瑞华：《论瑕疵证据补正规则》，《法学家》2012年第2期。

陈瑞华：《论证据相互印证规则》，《法商研究》2012年第1期。

陈瑞华：《刑事诉讼中的证明标准》，《苏州大学学报》（哲学社会科学版）2013年第3期。

陈瑞华：《刑事证明标准中主客观要素的关系》，《中国法学》2014年第3期。

陈瑞华：《以限制证据证明力为核心的新法定证据主义》，《法学研究》2012年第6期。

陈永生：《证据保管链制度研究》，《法学研究》2014年第5期。

程雷：《非法证据排除规则规范分析》，《政法论坛》2014年第6期。

樊崇义：《客观真实管见——兼论刑事诉讼证明标准》，《中国法学》2000年第1期。

樊崇义：《论证据排除规则的激励功能》，《证据科学》2013年第1期。

樊崇义：《刑事证据规则立法建议报告》，《中外法学》2016年第2期。

樊崇义：《刑事证据规则体系的完善》，《国家检察官学院学报》2014年第1期。

冯晶：《证据充分性的逻辑分析》，《海南大学学报人文社会科学版》2006年第3期。

谷茜昱：《法治化背景下侦查功能的局限性及其克服》，《贵州警官职业学院学报》2015年第3期。

何家弘：《当今我国刑事司法的十大误区》，《清华法学》2014 年第 2 期。

何家弘、何然：《刑事错案中的证据问题——实证研究与经济分析》，《政法论坛》2008 年第 2 期。

何家弘：《论司法证明的目的和标准——兼论司法证明的基本概念和范畴》，《法学研究》2001 年第 6 期。

何家弘：《论推定规则适用中的证明责任和证明标准》，《中外法学》2008 年第 6 期。

何家弘、马丽莎：《证据“属性”的学理重述》，《清华法学》2020 年第 4 期。

何家弘：《司法证明标准与乌托邦——答刘金友兼与张卫平、王敏远商榷》，《法学研究》2004 年第 6 期。

何家弘：《刑事诉讼中证据调查的实证研究》，《中外法学》2012 年第 1 期。

何挺：《普通证人意见证据：可采性与运用规则》，《中国刑事法杂志》2010 年第 10 期。

江伟、吴泽勇：《证据法若干基本问题的法哲学分析》，《中国法学》2002 年第 1 期。

姜素红：《程序正义及其价值分析》，《湘潭大学学报》（哲学社会科学版）2005 年第 1 期。

李蓉：《科学技术与证据裁判：一种历史进路的研究》，《湖南大学学报》（社会科学版）2013 年第 5 期。

李学军：《诉讼中专门性问题的解决之道——兼论我国鉴定制度和法定证据形式的完善》，《政法论坛》2020 年第 6 期。

李学军：《意见证据规则要义——以美国为视角》，《证据科学》2012 年第 5 期。

李学军、张卫萍、张吉林：《侦查机关强制采取物证比对样本的必要性及合法化路径研究》，《证据科学》2009 年第 2 期。

李训虎：《美国证据法中的证明力规则》，《比较法研究》2010 年第 4 期。

李拥军：《“亲亲相隐”与“大义灭亲”的博弈：亲属豁免权的中国面相》，《中国法学》2014 年第 6 期。

龙宗智、李玉花：《论我国刑事诉讼的证据规则》，《南京大学法律评论》1997 年第 3 期。

龙宗智：《印证与自由心证——我国刑事诉讼证明模式》，《法学研究》2004 年第 2 期。

龙宗智：《中国法语境中的“排除合理怀疑”》，《中外法学》2012 年第 6 期。

马凯、王兆峰：《证据短缺路径下的错案预防》，《黑龙江社会科学》2014 年第 3 期。

闵春雷：《非法证据排除规则适用范围探析》，《法律适用》2015 年第 3 期。

聂昭伟：《证明力与证据能力规则演变规律探究——我国证据规则立法方向的理性选择》，《西南政法大学学报》2007 年第 4 期。

宋英辉、吴宏耀：《相关性规则——外国证据规则系列之二》，《人民检察》2001 年第 4 期。

苏力：《窦娥的悲剧——传统司法中的证据问题》，《中国社会科学》2005 年第 2 期。

孙远：《非法证据排除的裁判方法》，《当代法学》2021 年第 5 期。

锁正杰：《刑事程序价值论：程序正义与人权保障》，《中国法学》2000 年第 5 期。

万毅、林喜芬、何永军：《刑事诉讼法的制度转型与研究转向——以非法证据排除规则为线索的分析》，《现代法学》2008 年第 4 期。

吴丹红：《证据法的批判与建构——边沁的证据法思想及其启示》，《环球法律评论》2006 年第 6 期。

吴丹红：《证据法学的启蒙——吉尔伯特的证据法思想》，《证据科学》2007 年第 15 期。

吴洪淇：《刑事证据审查的基本制度结构》，《中国法学》2017 年第 6 期。

熊秋红：《刑事证明标准的思考——以刑事证明中的可能性和确定性为视角》，《法商研究》2003 年第 1 期。

徐月笛：《论物证鉴定意见的合法性——从刑事错案和规范分析两个视角》，《证据科学》2016 年第 4 期。

闫召华：《口供何以中心——“罪从供定”传统及其文化解读》，《法制与社会发展》2011 年第 5 期。

杨迎泽、赵培显：《证据关联性的逻辑结构及判断》，《中国检察官》2017 年第 12 期。

易延友：《英美证据法的历史与哲学考察》，《中外法学》2004 年第 3 期。

易延友：《证据规则的法典化——美国〈联邦证据规则〉的制定及对我国证据立法的启示》，《政法论坛》2008 年第 6 期。

元轶：《证据制度循环演进视角下大数据证据的程序规制——以神示证据为切入》，《政法论坛》2021 年第 3 期。

张保生、满运龙、龙卫球：《美国证据法的价值基础——以〈联邦证据规则〉为例的分析》，《中国政法大学学报》2009 年第 6 期。

张保生：《刑事错案及其纠错制度的证据分析》，《中国法学》2013 年第 1 期。

张栋：《中国刑事证据制度体系的优化》，《中国社会科学》2015 年第 7 期。

张卫平：《证明标准建构的乌托邦》，《法学研究》2003 年第 4 期。

张云鹏：《以证明对象为视角谈刑事证明标准》，《辽宁公安司法管理干部学院学报》2004 年第 3 期。

郑牧民、易海辉：《论中国古代证据制度的基本特点》，《湖南科技大学学报》（社会科学版）2007 年第 2 期。

朱孝清：《冤假错案的原因和对策》，《中国刑事法杂志》2014 年第 2 期。

纵博：《不可靠证据排除规则的理论逻辑、适用困境及其出路》，《环球法律评论》2020 年第 3 期。

纵博：《证明力反制证据能力论》，《中国刑事法杂志》2014 年第 4 期。

祖伟：《中国古代“据众证定罪”证据规则论》，《当代法学》2012 年第 1 期。

英文文献：

Baker W. H. The Right to Confrontation, the Hearsay Rules, and Due Process A Proposal for Determining When Hearsay May Be Used in Criminal Trials,

Conn. L. Rev., 1973.

Bryan A. Garner (ed.), *Black's Law Dictionary*, 9th *ed*, Minnesoda: West, A Thomson Business, 2009.

Davies S. M. *Evidence of Character to Prove Conduct: A Reassessment of Relevancy*, Crim. L. Bull, 1991.

Peter Murphy, *Murphy on Evidence*, Blackstone Press Limited, 1997.

Weinstein J. B., Berger M. A., *Basic Rules of Relevancy in the Proposed Federal Rules of Evidence*, Ga. L. Rev., 1969.

Westen P., Two Rules of Legality in Criminal Law, *Law and Philosophy*, 2007.

William Twining, *Theories of Evidence: Bentham & Wigmore*, Stanford University Press. 1985.

后　记

这本小书是由我的博士毕业论文修订而成。2014年，我进入中国人民大学法学院，跟随何家弘教授学习证据法学。在老师的指导下，我将刑事错案和证据短缺作为主要研究方向，之后发表的《刑事错案中证据短缺现象的实证分析》《论物证鉴定意见的合法性——从刑事错案和规范分析两个视角》等文均围绕着这两点展开。老师的鼓励、支持和督促、教诲，给了我完成博士论文的勇气和力量。

"证据短缺"一词最早由何家弘教授提出，其在2012年出版的《短缺证据与模糊事实》一书中阐述道："司法人员不是神仙，无法全知全觉，也无法穿越时空隧道，只能通过有限甚至短缺的证据去认识发生在过去的案件事实。于是，那事实便如水中之月镜中之花一般而具有了模糊性"。诚如老师所言，发现真相是司法证明的终极目的，可证据的短缺性却为这一目的的实现设置了重重阻碍，使司法证明不得不在发现真相与其他价值的博弈中寻求平衡。通过研究，我们认为，证据短缺其实是一种司法证明理念。在这种理念下，原有的证据制度得以改进完善。例如，为丰富证据数量，应该拓展现有的法定证据形式，适用灵活多样的证据种类；为确保证据质量，应该设置科学合理的证据规则，避免主观臆断；为解决证明困难，应该挖掘并运用推定、综合分析等多种证明方法。等等。近年来，学界对大数据证据等新证据形式、证据分析方法、证据标准等的关注和研究，也充分说明将证据短缺作为研究对象的必要性。遗憾的是，由于水平和时间的限制，本书仅从证据规则切入，而未从证据制度的宏观角度全面展开，同时也尚未论及证据短缺理念作为认识论对证据制度的指导意义——这是本书的不足。可见，证据短缺问题仍需更加系统、深入的探讨。我也将在此方面继续耕耘，不负老师们的期待。

最后，感谢山东师范大学法学院“诉讼法学新兴领域创新研究团队”提供机会，使这本小书得以问世。感谢中国社会科学出版社孔继萍编辑的辛苦付出，我的出版经历之不足给她添了许多麻烦。同时感谢我的家庭在博士学习及本书修订期间给予的无尽支持，让我能在繁杂的生活中享有充足而平静的研究时光。

鉴于水平有限，本书难免在观点、表述上有不妥之处，请同行老师们予以谅解，并给予指正！